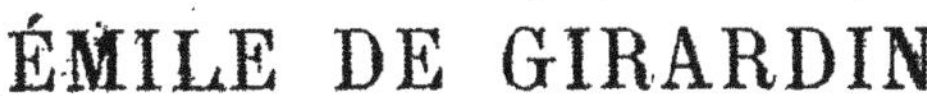

ÉMILE DE GIRARDIN

L'EMPIRE AVEC LA LIBERTÉ

PARIS
MICHEL LÉVY FRÈRES, ÉDITEURS
RUE VIVIENNE, 2 *bis.*

M DCCC LIX

L'EMPIRE

AVEC

LA LIBERTÉ

PAR

ÉMILE DE GIRARDIN

« Ayant toujours un but devant les yeux, l'Empereur déploie, suivant les circonstances, les moyens les plus prompts pour y arriver.

» Quel est son but? La Liberté.

» Oui la Liberté, et plus on étudiera l'histoire de Napoléon, plus on se convaincra de cette vérité, car la Liberté est comme un fleuve : pour qu'elle apporte l'abondance et non la dévastation, il faut qu'on lui creuse un lit large et profond. Si, dans son cours régulier et majestueux, elle reste dans ses limites naturelles, les pays qu'elle traverse bénissent son passage; mais si elle vient comme un torrent qui déborde, on la regarde comme le plus terrible des fléaux; elle éveille toutes les haines, et l'on voit alors des hommes, dans leurs préventions, repousser la Liberté parce qu'elle détruit, comme si l'on devait bannir le feu parce qu'il brûle, et l'eau parce qu'elle inonde. » — T. Ier, p. 209.

« Le gouvernement de Napoléon, plus que tout autre, pouvait supporter la Liberté, par cette unique raison que la Liberté eût affermi son trône, tandis qu'elle renverse les trônes qui n'ont pas de base solide. » — T. Ier, p. 321.

« J'aime la Liberté. » — T. Ier, p. 176.

L.-N. BONAPARTE.

PARIS

MICHEL LÉVY FRÈRES, ÉDITEURS

RUE VIVIENNE, 2 *bis*.

M DCCC LIX

PARIS. — IMPRIMERIE SERRIERE ET COMPAGNIE, 123, RUE MONTMARTRE.

AVIS DE L'ÉDITEUR.

Cédant à des demandes nombreuses et réitérées, nous réunissons sous un titre commun trois écrits publiés à des dates différentes, mais qui tous les trois sont le développement, nous pourrions dire la démonstration, de la même idée : L'EMPIRE AVEC LA LIBERTÉ.

Ces trois écrits sont :

I. Les articles publiés, en décembre 1857, dans le journal le *Courrier de Paris;*

II. L'Introduction placée en tête de l'ouvrage intitulé : QUESTIONS DE MON TEMPS ;

III. La controverse à laquelle cette Introduction a donné lieu, en décembre 1858, dans le journal *la Patrie*.

Nous y joignons, à titre d'Appendice, la *Table générale* et l'*Index alphabétique* des QUESTIONS DE MON TEMPS, car ces douze volumes sont la recherche opiniâtre de toutes les conditions durables de la Liberté.

LA QUESTION POSÉE.

DÉCEMBRE 1856.

I

LA PRESSE CONSTITUTIONNELLE.

6 décembre 1857.

Le journal la *Presse*, qui avait échappé de 1852 à 1856 au péril de la suspension, vient d'être suspendu pour deux mois à l'occasion d'un article dans lequel ce journal blâmait le refus de serment de MM. Carnot et Goudchaux, en des termes auxquels nous ne saurions rien ajouter, et approuvait MM. Darimon, Hénon et Ollivier d'avoir prêté le serment prescrit par l'article 14 de la Constitution, serment conçu en ces termes : « Je jure obéissance à la Constitution » et fidélité à l'empereur. »

Inutile de le dissimuler : prêter serment pour être admis à siéger sur les bancs du Corps législatif, c'est l'admettre par voie de réciprocité, c'est le reconnaître ; le reconnaître, c'est, par voie de conséquence, reconnaître la Constitution de 1852 ; reconnaître la Constitution de 1852, c'est reconnaître le Pouvoir constituant de 1851.

L'entrée de MM. Darimon, Hénon et Ollivier au Corps législatif est donc le point de départ d'une politique nouvelle qui peut se résumer en ces termes : — Liberté par la Constitution, liberté par les élections, liberté par le suffrage universel, enfin, par l'Opposition constitutionnelle.

Électeurs et élus ont jugé que le moment était venu de constituer, dans le Corps législatif, l'Opposition constitutionnelle. Nous jugeons que le moment est également venu de constituer, dans la presse démocratique, la presse constitutionnelle.

Opposition constitutionnelle, Presse constitutionnelle : ces quatre mots sont le programme de la politique nouvelle. Cette politique laisse en arrière tous les vieux partis, toutes les vieilles passions, toutes les vieilles rancunes, pour ne s'attacher qu'aux idées et aux progrès.

II.

L'OPPOSITION CONSTITUTIONNELLE.

L'Opposition constitutionnelle diffère de l'Opposition extra-constitutionnelle, leur nom l'indique, en ce que la première a pour but d'affermir et de conserver le gouvernement alors même qu'elle paraît le combattre, tandis que la seconde a pour but de l'affaiblir et de le renverser alors même qu'elle paraît le soutenir.

Toute Opposition constitutionnelle, manquât-elle même de mesure, est conservatrice ; toute Opposition extra-constitutionnelle, affectât-elle même la modération, est révolutionnaire.

L'Opposition constitutionnelle n'a besoin de porter aucun masque ; ce qu'elle dit, c'est ce qu'elle veut : l'ordre par la liberté, la stabilité par le progrès. Tous les masques sont nécessaires à l'Opposition extra-constitutionnelle ; soit qu'elle prenne celui de la liberté ou celui de l'ordre, ce qu'elle veut, c'est ce qu'elle ne dit pas : c'est le changement de gouvernement.

L'Opposition constitutionnelle est l'ennemie des abus et non des personnes ; l'Opposition extra-constitutionnelle est l'ennemie des personnes et non des abus.

L'Opposition constitutionnelle pousse ouvertement aux réformes pour prévenir les révolutions ; l'Opposition extra-constitutionnelle pousse clandestinement aux révolutions pour prévenir les réformes.

L'Opposition constitutionnelle est à l'Opposition extra-constitutionnelle ce que le pont est à l'abîme.

S'il s'agit de presse, l'Opposition constitutionnelle s'adresse aux idées, elle les mûrit ; l'Opposition extra-constitutionnelle s'adresse aux passions, elle les fomente.

S'il s'agit d'élections, l'Oppostion constitutionnelle adopte pour candidats les hommes de transition qui lui paraissent les plus propres à éclairer le gouvernement par le scrutin, à le rassurer et à le faire avancer. L'Opposition extra-constitutionnelle adopte pour candidats les hommes de négation qui lui paraissent les plus propres à effrayer le gouvernement et à le faire reculer.

L'Opposition constitutionnelle est le lien qui unit en faisceau tous les hommes de transition, tous les hommes de progrès; l'Opposition extra-constitutionnelle est le lien qui unit en faisceau tous les hommes de négation, tous les hommes de parti.

Réunir et appuyer tous les hommes de progrès, écarter et combattre tous les hommes de parti, voilà notre tâche : c'est la tâche de l'Opposition constitutionnelle.

III.

L'EMPIRE ET LA LIBERTÉ.

Les journaux français peuvent se classer ainsi en quatre catégories :

I. Les journaux qui ne veulent ni l'Empire ni la Liberté.

II. Les journaux qui veulent la Liberté sans l'Empire.

III. Les journaux qui veulent l'Empire sans la Liberté.

IV. Les journaux, enfin, qui veulent la Liberté sous l'Empire.

Ni l'Empire ni la Liberté, c'est : ou le rétablissement sur le trône du comte de Chambord, ou le retour en France du comte de Paris, ou le triomphe de la Fusion.

La Liberté sans l'Empire, c'est une nouvelle révolution aboutissant une fois de plus à une nouvelle dictature.

L'Empire sans la Liberté, c'est l'idéal de journaux que nous n'avons pas besoin de nommer.

La Liberté sous l'Empire, c'est ce que nous souhaitons ; c'est ce que doivent souhaiter avec nous tous les amis des réformes et tous les ennemis des révolutions.

L'Empire et la Liberté peuvent se concilier aussi facilement que l'Empire et la Paix.

Si l'Empire est la Paix glorieuse, pourquoi ne serait-il pas la Liberté féconde ?

Pour que la Liberté soit féconde, que faut-il ? Il faut que le Pouvoir soit viril.

De l'aveu de tous, amis et ennemis, le Pouvoir actuel réunit, en France, toutes les conditions de la virilité, toutes les conditions de la force ; l'Empire, qui est la Paix, peut donc être aussi la Liberté.

Ce que nous pensons est aussi ce que pensait l'ancien rédacteur en chef de la *Presse*, M. Émile de Girardin, quand il écrivait ses deux lettres : la première, datée de Belgique le 20 février 1852; la seconde, datée de Suisse le 3 août 1857. Dégagées de tout esprit de parti, elles tracent à l'esprit d'opposition une ligne nouvelle; de la ligne courbe elles font une ligne droite; c'est la même politique que nous résumons dans ces deux mots : l'Empire et la Liberté.

Voici les deux lettres que nous venons de rappeler :

AUX RÉDACTEURS DE LA *Presse*.

« Bruxelles, 20 février 1852.

» La liberté, à leurs risques et périls, de dire ce qu'ils » pensent, est rendue aux journaux français. Vous m'écri- » vez, de Paris, pour me demander, à Bruxelles, quel » usage la *Presse* devra faire de cette liberté dangereuse ? » J'aurais pu vous répondre particulièrement ; je préfère » vous répondre publiquement, en prenant pour confidents » et pour témoins tous ceux de vos lecteurs qui sont restés » vaillamment fidèles au drapeau troué que j'ai porté avec » tous et contre tous pendant quinze années, drapeau sur » lequel étaient écrits ces mots : ORDRE PAR LA LIBERTÉ.— » STABILITÉ PAR LE PROGRÈS.

» Cette réponse que vous me demandez, je vous l'envoie.

» Qui veut marcher droit, vite et sûrement, doit regarder » ce qui est en avant et non ce qui est en arrière.

» *En avant*, qu'y a-t-il et que vois-je ?

» En avant, il y a et je vois le rétablissement en Europe » de l'orthodoxie monarchique sous la pression de la Rus- » sie, de l'Autriche et de la Prusse, c'est-à-dire le réta- » blissement, en France, de S. M. Henri V « *sur le trône de* » *ses pères ;* » en Espagne, de don Carlos; en Portugal, de » don Miguel; en Belgique, du roi de Hollande; enfin, le » rétablissement de l'Europe monarchique telle qu'elle » exista après les traités de 1815 et avant la révolution de » 1830.

» Cette possibilité est la seule qui me paraisse avoir as- » sez de consistance pour mériter le nom de probabilité,

» En avant, je ne vois pas le retour en France du régime » mixte qui a pu subsister de 1830 à 1848. Ce régime, qui » n'était et qui ne serait encore ni la Monarchie, ni la Ré- » publique, ni l'hérédité, ni l'élection, ni le droit d'aînesse, » ni le droit de suffrage, ni l'autorité, ni la liberté, ni la » paix, ni la guerre, qui le ramènerait ?

» La royauté traditionnelle ou constitutionnelle ne peut » remonter, en France, sur le trône, que ramenée par une » révolution populaire ou par une coalition étrangère.

» Une révolution populaire ayant pour objet de restau- » rer, soit la branche aînée, soit la branche cadette des » Bourbons, est-elle vraisemblable ?

» Assurément, non.

» Donc, *en avant*, il n'y a et je ne vois que l'une de ces » trois alternatives :

» L'*idée napoléonienne*, — c'est le nom qu'elle se donne ;

» L'orthodoxie monarchique ;

» La révolution nouvelle.

» Pour un journal placé dans la situation étroite où se » trouve la *Presse*, il n'y a conséquemment qu'une con- » duite à tenir : — Provoquer, étudier, encourager toutes » les réformes utiles, toutes les réformes nécessaires, afin » que le bien s'accomplisse s'il peut s'accomplir, et afin » que ne s'accomplisse pas la troisième invasion aux aguets » de la quatrième révolution.

» J'y ai bien souvent réfléchi, surtout depuis un mois que » l'ostracisme m'a prodigué les loisirs en me faisant l'an- » tique honneur de me marquer de son sceau, et plus j'y ai » réfléchi, plus je suis demeuré profondément convaincu » que le pessimisme serait le chemin le plus droit, consé- » quemment le plus court, pour arriver au légitimisme.

» Or, entendez-le bien : tout vaut mieux que le légiti- » misme, cette restauration du passé séculaire.

» Le légitimisme a la prétention d'être et l'illusion de se » croire un principe.

» Il est accepté comme tel.

» Les hommes passent, les préjugés tiennent, les principes restent.

» Je sais parfaitement tout ce qu'on peut dire contre tout ce qui s'est fait depuis le 2 décembre ; nul n'en a plus souffert que moi, et j'ai protesté, je ne le cache pas, aussi énergiquement qu'il m'a été possible de l'essayer ; néanmoins, je tiens pour vrai et pour certain que les choses étant ce qu'elles sont présentement en France et en Europe, il faut, avant tout, marcher au but et ne pas s'en laisser détourner par les ornières du chemin.

» Point de récriminations transparentes : mieux que cela, point de rancunes déguisées !

» Ouvrez le premier numéro de la *Presse*, qui parut le 1er juillet 1836, et vous y trouverez ces mots que je cite de mémoire : « La *Presse* ne demandera pas aux gouvernements d'où ils viennent, mais où ils vont. »

» Que ce soit votre équerre pour poser vos assises, comme ce fut toujours la mienne avant et après février 1848.

» De tout ce qui est tombé en décembre 1851, la *Presse* n'a rien à regretter, rien à relever.

» *La liberté de la tribune!* — De 1815 à 1851, quels fruits a portés cet arbre sans racines ? Appellerait-on des fruits tant de paroles vaines, bruit de feuilles mortes, n'aboutissant qu'à se contredire réciproquement et qu'à se démentir successivement ?

» *La liberté de la presse!* — Dès que cette liberté n'est pas absolue, je ne connais pas, je l'avoue, de balances douées d'une assez grande précision pour mesurer la différence qui peut exister entre le décret du 17 février 1852 et la loi du 16 juillet 1850, ou la loi du 9 septembre 1835, ou la loi du 28 juillet 1828, ou toute autre loi signée Thiers ou Guizot, Martignac ou Peyronnet. En matière de presse, il y a quatre régimes : la liberté absolue ; la suppression absolue ; le régime préventif ; le régime répressif. La question de limites, la question du plus ou du moins dans l'un ou l'autre de ces deux derniers régimes,

» ne vaut pas la peine qu'un homme de réflexion s'y ar-
» rête.

» Ces froides paroles, je le sais, vont allumer d'ardentes
» colères. Il y a des gens, je les connais, qui ne peuvent se
» consoler que la tribune aux harangues soit muette. Ces
» gens prétendront que frapper ainsi le gouvernement re-
» présentatif lorsqu'il est à terre, c'est manquer de géné-
» rosité... Peut-être ; mais certainement, et croyez-moi, ce
» n'est pas manquer de prudence. Le parlementarisme as-
» pirera toujours à se relever ; or, précisément ce qu'il ne
» faut pas souhaiter, c'est qu'il se relève.

» On a assez discouru pendant trente-cinq années pour
» ne rien faire. Parler dispense d'agir.

» L'impuissance le sait. Au contraire, silence oblige !
» C'est pourquoi je préfère le silence.

» Le progrès social, c'est le sentiment du Peuple et c'est
» aussi le mien, n'a qu'à gagner à la chute du parlementa-
» risme.

» Si je le pense, pourquoi donc ne le dirais-je pas ? Si les
» rédacteurs de la *Presse* partagent cette opinion, qui fut
» toujours la mienne, ils le savent, pourquoi donc hésite-
» raient-ils à l'exprimer ? — Serait-ce dans la crainte de
» déplaire à MM. Guizot, Berryer et Thiers, et à leurs amis
» sans bercail ? — Pourquoi cette crainte ? Ce qu'ont fait,
» avant et après 1848, ces pilotes et ces matelots permet
» de juger avec certitude ce qu'ils feraient si le flux de
» l'océan politique les ramenait sur la plage d'où le reflux
» les a éloignés.

» Mon avis n'est donc pas que vous marchiez timidement
» à la suite des anciens partis, mais que vous marchiez ré-
» solûment en tête et le plus loin possible d'eux.

» S'ils crient, laissez-les crier.

» Appliquez-vous à créer un parti nouveau : le PARTI DE
» L'ACTION.

» Demandez qu'on fasse, qu'on fasse encore, qu'on fasse
» toujours.

» Il y a tant à faire, et de si bonnes choses !

» Si ce parti ne peut écrire sur son drapeau : ORDRE PAR » LA LIBERTÉ, eh bien ! qu'il écrive : TRAVAIL PAR LE CRÉDIT.

» Autre chemin, — et peut-être sera-ce le moins long, — » qui mène au même but.

» Si, de près, je ne puis vous aider à l'atteindre, je vous » y aiderai de loin ; je vous y aiderai de Bruxelles ou de » Londres.

» En résumé, toute cette réponse est dans cette ligne :

» Marcher devant soi et ne pas regarder en arrière.

» Tout à vous et à vous tous.

» ÉMILE DE GIRARDIN. »

AU RÉDACTEUR EN CHEF DE L'*Indépendance belge.*

« Du Giessbach (canton de Berne), le 3 août 1857.

» Monsieur,

» J'habite un sommet, le Giessbach, placé au-dessus du » niveau de la politique plus haut encore qu'il ne l'est au- » dessus du niveau de la mer ; ce n'est donc que tardive- » ment et par hasard qu'on me communique un numéro de » l'*Indépendance belge*, où je lis ce qui suit :

« Paris, 23 juillet.

« Des bruits étranges ont couru aujourd'hui sur le départ de » M. Émile de Girardin et sur la vente très inattendue de son » hôtel. Ils appartiennent certainement à la catégorie de ceux » qui ont été répandus sur le général Cavaignac, et que vous » avez cru devoir démentir. »

» L'absurdité a cela de bon qu'elle se dément d'elle- » même. Si je te relève, ô absurdité, ce n'est donc point » pour te démentir, mais pour profiter de l'occasion que tu » m'offres de dire ce que je pense de ces complots aux- » quels tu as mêlé mon nom.

» La logique des révolutions ne s'appelle point Manin, » elle s'appelle Mazzini ; elle n'a point de scrupules ; elle » ne se scinde pas ; elle ne distingue point entre les con- » jurations et les insurrections, flétrissant celles-là, glori- » fiant celles-ci : entre le poignard derrière une embuscade

» et le fusil derrière une barricade. La logique qui admet » explicitement le fusil admet implicitement le poignard ; » si elle exclut le poignard, elle exclut le fusil. A défaut de » l'un, l'autre ; toute arme lui est bonne. Le but du conjuré » n'est-il pas le même que celui de l'insurgé ? Meurtre in- » dividuel ou meurtre collectif, assassinat ou massacre, » embuscade ou barricade, n'est-ce pas toujours le meur- » tre ? Question de nom, rien de moins. La logique qui ces- » serait d'être inexorable ne serait plus la logique, ce serait » l'inconséquence. Aussi ne sont-ce pas seulement les con- » jurations armées de poignards que je réprouve ; je ré- » prouve également les insurrections armées de fusils. Con- » jurés et insurgés sont égaux devant moi comme devant » la logique. Ils ne sont inégaux que devant l'arithmétique. » Question de nombre, rien de plus.

» Le dernier volume, lettre G, de la *Biographie moderne* » publiée par MM. Firmin Didot, en me faisant l'honneur » de me consacrer un assez long article, a très exactement » résumé ainsi la politique de toute ma vie d'écrivain mili- » tant : « *Ni barrières ni barricades. Tout par la civilisa-* » *tion, rien par la révolution.* » C'est à dire tout par la » discussion, rien par l'insurrection ; tout par la persua- » sion, rien par l'intimidation ; tout par l'évidence, rien par » la violence ; tout enfin par la force immatérielle, rien par » la force matérielle.

» Mes écrits et mes actes sont d'accord.

» Le 24 février 1848 m'a vu sur la place du Palais-Royal, » non derrière aucune barricade, mais entre les feux croi- » sés des gardes municipaux qui se défendaient et des » combattants improvisés qui les attaquaient, m'efforçant, » en vain, de mettre un terme, des deux parts, à l'effusion » du sang, et de sauver la liberté et la royauté l'une par » l'autre.

» Les 23, 24 et 25 juin suivant, que n'avais-je fait pour » prévenir ces malheureuses journées que j'avais si exacte- » ment prévues et prédites ?

» Le 13 juin 1849, que n'avais-je fait également pour em-

» pêcher la manifestation qui, commençant comme elle a
» commencé, devait finir comme elle a fini?

» Le 2 décembre 1851, que n'avais-je fait, enfin, pour
» conjurer un coup d'Etat qu'il était aussi simple de dé-
» jouer au moyen de la révision de la Constitution, combi-
» née, ainsi que je le proposais, avec l'abrogation de la loi
» du 31 mai, qu'il est simple de soutirer la foudre au moyen
» de l'appareil conducteur imaginé par Franklin ?

» Après le rejet de ma proposition, rejet qui me laissait
» libre, et après le coup d'Etat, quel fut mon langage?
» J'exposai tout ce qu'il y avait d'insensé dans la résistance
» armée; j'insistai sur les avantages de la résistance passi-
» ve la plus absolue : chacun chez soi, laisser le gouverne-
» ment tout seul, tout faire, et l'attendre à ses actes; ce
» qu'une proclamation imprimée, affichée et signée de moi,
» appela : *La grève universelle.*

» De mes collègues de l'Assemblée législative, fidèles à la
» vieille tradition révolutionnaire, que j'ai qualifiée d'*or-*
» *nière* (1) et que je refusai de suivre, d'eux ou de moi, qu
» était dans le vrai, qui était dans le faux? Les événement
» se sont chargés de la réponse.

» Or, de même que, sans y concourir, j'accepte sans hos-
» tilité les révolutions accomplies, j'accepte pareillement
» les gouvernements de fait. Entre gouvernements de fait
» et gouvernements de droit, je ne distingue pas. Tout
» gouvernement aspirant au nom de gouvernement de droit
» commence par être un gouvernement de fait. Il dépend
» de lui de se légitimer par ses œuvres.

» Le 24 février 1848, jusques à la dernière heure fidèle à
» mon serment de député, j'avais été dévoué à la royauté
» constitutionnelle; quoique le parti républicain, pendant
» douze ans, ne m'eût épargné aucun de ses coups et eût
» reculé pour moi les limites de la calomie, cette impuis-
» sance de la médisance, cela m'empêcha-t-il, dès le soir
» de ce même jour, n'écoutant que la voix du patriotisme ,

(1) L'*Ornière des révolutions*. Août 1854.

» d'être le premier et le seul à relever et à rallier tous les » esprits abattus, en leur criant : Confiance! confiance!

» Certes, la veille, je n'étais pas républicain ; le lende- » main, je le devins de bonne foi, sous la seule réserve que » la République proclamée serait la liberté pour tous, sans » distinction et sans exception.

» Comme à la Monarchie de juillet, je suis resté fidèle à » la République de février, à l'une comme à l'autre, jusqu'à » sa dernière heure. La République a disparu pour faire » place à l'Empire. A quel titre ferais-je à l'existence de » l'Empire une opposition que je n'ai point faite à l'exis- » tence de la République ? Quel motif aurais-je contre lui » que je n'aie pas eu contre elle ? N'a-t-elle pas été la dic- » tature, l'arbitraire, la suppression des journaux, l'état de » siége, la transportation avec et sans jugement ? Les » membres du gouvernement provisoire n'avaient-ils pas » prêté serment à la Charte de 1830 ? En avril et en décem- » bre 1848, le suffrage universel ne fut-il soumis à aucune » pression centrale ? Pourquoi donc aurais-je contre l'Em- » pire des rigueurs que je n'ai pas eues contre la Républi- » que. Ce serait de l'inconséquence.

» Que l'Empire ne soit pas seulement la Paix, mais qu'il » soit aussi la Liberté (*et, quoi qu'on en dise, il peut l'être* » *sans danger pour lui*), et je souhaiterai qu'il dure aussi » sincèrement que j'ai souhaité, avant 1848, que la royauté » se consolidât, et, après 1848, que la République s'af- » fermît.

» A l'instabilité, que gagne la liberté ?

» Presque au lendemain de la Révolution de 1848 ayant » eu pour dénouement l'Empire, une révolution triom- » phante a éclaté en Espagne. L'impuissance de la pre- » mière de ces deux révolutions a-t-elle servi à l'expérience » de la seconde ? A Madrid comme à Paris, qu'ont fait les » révolutionnaires en possession du pouvoir pour nouer » entre le peuple et la liberté des liens indissolubles ?

» La liberté, que je m'attache exclusivement à servir le » moins mal que je puis, n'attend rien prématurément des

» révolutions d'État, qu'elles s'ourdissent dans les antres
» sous le manteau des conjurations, ou qu'elles éclatent
» dans les rues sous le drapeau d'insurrections, qu'elles
» cherchent l'épaisseur des ténèbres, ou qu'elles affrontent
» l'éclat du jour, qu'elles se servent du poignard ou du
» fusil ; elle attend tout patiemment de ces progrès de la
» civilisation marqués par notre siècle au coin de l'univer-
» salité, véritables révolutions d'idées, les seules, celles-ci,
» qui soient durables et fécondes, qui ne sèment pas la
» discorde, la défiance, la terreur, la haine, et ne fassent
» point pulluler les partis. Elles ne détruisent pas, il est
» vrai, les gouvernements, mais elles les modifient ; elles
» les transforment en les animant, eux aussi, un peu à
» leur insu, de l'esprit nouveau. Ne les voit-on pas, tous à
» l'envi, décréter et même subventionner les chemins de
» fer, qui, cependant, les conduiront plus vite et plus loin
» qu'ils ne s'en doutent ? Est-il un seul gouvernement qui
» ait tenté d'interdire, de proscrire la vapeur ? Et pourtant
» la vapeur sera dans l'avenir la raison des peuples visant
» à la liberté par le travail et l'épargne, comme le canon a
» été, dans le passé, la raison des rois visant à la gloire
» par la guerre et la conquête.

» Je termine par cet aveu : si je conspire, c'est avec mon
» siècle.

» Recevez, etc.

» ÉMILE DE GIRARDIN. »

IV.

L'EMPIRE ET LES PARTIS.

Sous l'Empire, ayant le suffrage universel pour fondement et la liberté promise pour couronnement, les partis dynastiques sont des regrets, ils ne sont plus des espérances ; il ne leur reste que le passé, l'avenir leur échappe.

Ils n'auraient de raison d'être, ils n'auraient d'avenir que si la liberté promise tardait trop longtemps à être donnée ; mais du jour où cette liberté aura cessé d'être une promesse pour devenir une garantie, quelle raison de subsister conserveront-ils ? Que pourront-ils donner ? Que pourront-ils promettre ? Ne pouvant rien promettre, ne pouvant rien donner, ils n'existeront plus ; ils cesseront d'être des forces ; ils ne seront plus que des ombres.

L'intérêt de l'Empire est donc de montrer à la liberté promise la même confiance qu'il a montrée au suffrage universel, de n'être pas moins vaillant avec elle qu'il ne l'a été avec lui.

Le même succès attend la même vaillance ; le même succès couronnera la même confiance.

Ce qu'on allègue contre les dangers de la liberté promise, qui risquerait de devenir une arme aux mains des partis, est-ce qu'on ne l'a pas dit de 1830 à 1848 et répété en 1850 contre le sûffrage universel ?

Est-ce que, si les conseils de la pusillanimité avaient été écoutés, le cens électoral n'eût pas été rétabli ?

Est-ce que, si le cens électoral eût été rétabli, le suffrage universel, au lieu d'être l'arme invincible de l'Empire contre les partis, ne fût pas devenu l'arme redoutable des partis contre l'Empire ?

Est-ce que le rétablissement du suffrage universel ne serait pas le premier article des programmes dynastiques ?

Le suffrage universel a été le tombeau des partis, mais le tombeau est demeuré ouvert; la pierre qui doit le couvrir et le fermer sur eux, c'est la liberté.

Ils le savent! aussi n'ont-ils qu'une crainte mal déguisée pour qui sait regarder sous leur masque; cette crainte, c'est que la liberté promise ne vienne compléter l'œuvre du suffrage universel, de ce principe nouveau appelé, de l'aveu de la *Nouvelle Gazette de Prusse*, à remplacer dans le droit public des sociétés modernes le principe ancien, le principe de la légitimité.

Cette crainte est ce qui fait notre espoir.

L'Empire ne voudra pas laisser trop longtemps aux partis dynastiques cette dernière chance, si faible qu'elle soit, cette ancre de salut.

La tactique des partis légitimiste, orléaniste, fusionniste, consiste à prétendre que l'Empire et la Liberté sont incompatibles. En quoi donc la liberté serait-elle plus incompatible avec la dynastie du suffrage universel qu'avec la dynastie du cens électoral à 300 francs, ou qu'avec la dynastie du cens électoral à 200 francs, sans l'adjonction des capacités? Ou la Liberté est possible en France, ou elle ne l'est pas : si elle y est possible, c'est sous l'Empire; si elle y est possible jamais, c'est à présent; car, en quel temps le pouvoir y sera-t-il plus fort, plus incontesté? Et pourquoi donc la liberté, qui est possible en Angleterre, en Belgique, en Piémont, ne serait-elle pas possible en France? Quels en seraient les dangers? La France, sous le rapport de la civilisation, des sentiments et des idées, est-elle en retard sur ces trois pays? L'empereur Napoléon III est-il moins solidement assis sur ses huit millions de suffrages que la reine Victoria, le roi Léopold et le roi Victor-Emmanuel sur leur trône? A-t-il une armée moins considérable et moins dévouée? A-t-il une police moins vigilante? A-t-il un gouvernement moins bien servi par son administration? A-t-il des finances qui soient en moins bon état que les finances britanniques, belges, piémontaises? Et d'ailleurs, que gagnerait la liberté qu'il aurait donnée à se tourner contre lui ? Elle n'aurait rien à y gagner, elle aurait tout à y perdre. C'est un jeu qu'on ne joue pas. On dit qu'on en abuserait pour lui reprocher le 2 décembre. Mais qui serait fondé à s'armer de cette date contre lui ? Seraient-ce les impuissants du 24 février 1848 ? Serait-ce la dynastie du 9 août 1830 ? Serait-ce la restauration du 8 juillet 1815 ? On dit qu'on en abuserait pour rompre les digues de l'océan révolutionnaire. Mais au nom de quoi une nouvelle révolution se ferait-elle, si cette révolution, n'ayant plus à donner le suffrage universel, n'avait plus à promettre la liberté ? Serait-ce au nom du progrès ? Mais tous les progrès mûris par l'évidence ne peuvent-ils pas s'accomplir sous le règne de la nouvelle dynastie ? En est-il un seul qui soit incompatible avec elle ? S'il en est un, qu'on le nomme !

Non, l'Empire n'a rien à craindre de la Liberté ; la Liberté serait sa force dans l'avenir comme le suffrage universel a été sa force dans le passé.

Nous portons le défi qu'on nous prouve le contraire.

Cela est si vrai que l'Empire pourrait abroger toutes les lois de proscription, rapporter tous les décrets d'exil, sans aucun péril, sans aucun risque, sans aucun trouble : s'il le faisait, ce serait le dernier jour des partis, de ces condamnés à la disparition par le suffrage universel.

V.

L'EUROPE, LA FRANCE, L'EMPIRE ET LA PRESSE.

Du 2 décembre 1851 au 2 décembre 1857, six années se sont écoulées, pendant lesquelles ont eu lieu : le vote du 20 décembre 1851 pour la présidence (1), le vote du 20 novembre 1852 pour l'Empire (2), les élections générales du 29 février 1852 pour la nomination, et celles du 21 juin 1857 pour le renouvellement du Corps législatif; la reconnaissance successive de l'Empire par tous les gouvernements du monde entier ; le choix de Paris pour les délibérations du Congrès réglant les conditions de la paix après la guerre de Crimée ; le voyage en France de la reine d'Angleterre ; de l'héritier présomptif du trône de Belgique, petit-fils du roi Louis-Philippe ; du grand-duc Constantin, frère de l'empereur de Russie ; du roi de Sardaigne, et enfin l'entrevue de Stuttgard ; ce sont là des faits dont il est impossible de ne pas tenir compte.

De bonne foi, nul ne pourrait soutenir que la situation du Pouvoir en France est la même, aujourd'hui 9 décembre 1857, qu'elle était le 9 décembre 1851. L'une des preuves de ce changement, c'est le changement qui s'est opéré dans le langage de la presse britannique et de la presse américaine, les deux presses les plus libres qui existent dans l'univers ; ce langage n'est plus ce qu'il fut à cette époque. Une autre preuve, c'est l'opinion nouvelle qui se fait jour dans la presse allemande, la moins suspecte d'affinité démocratique. Nous avons nommé hier la *Nouvelle Gazette de*

	Inscrits.	Votants.	Absences.	Affirmatifs.	Négatifs.	Nuls.
(1)	9,945,086	7,773,646	2,171,440	7,147,635	593,134	32,877
(2)	9,823,078	7,780,307	2,042,771	7,482,863	238,582	58,862

Prusse, plus connue sous le nom de *Gazette de la Croix*, citons-la aujourd'hui :

« Depuis les guerres de l'Indépendance, la légitimité était » le grand mobile qui dirigeait la haute politique. L'Europe » était unie et en garde contre les mouvements révolution- » tionnaires de la France. Elle ne permit pas aux révolutions » d'Espagne, de Naples et du Piémont de prendre racine. » Mais bientôt on ne fit valoir la *légitimité* qu'au seul point » de vue de l'opportunité, comme une espèce de *police de* » *sûreté ;* on ne la considéra plus comme étant l'expression » du *droit éternel*. Le droit venant de Dieu fut réduit à la » simple expression de *principe monarchique*.

» ... On a arraché des traités de 1815, de cette base de » l'état légal de l'Europe, une partie essentielle, la partie » qui, seule, fit entreprendre la campagne de Waterloo, » on l'a arrachée non par un nouveau traité signé de toutes » les grandes puissances, mais par la *seule intervention de* » *la France*. Le majestueux arrêt prononcé par l'Europe » contre le premier Bonaparte, arrêt exécuté par le tonnerre » de Leipzig et de Waterloo, est *flétri* avec une précipita- » tion qui ne vaut pas même la peine d'être formellement » désavouée. Cette *lacération* a été accompagnée de la » proclamation solennelle de la SOUVERAINETÉ NUMÉRIQUE, des » grandes idées de 1789, et d'une glorification simultanée » de Napoléon Ier, à laquelle la reine d'Angleterre s'est as- » sociée personnellement.

» *A la place du mobile des guerres de l'indépendance, du* » *principe profond de la Sainte-Alliance*, on a donc inau- » guré solennellement le *principe diamétralement opposé*... » Nous marchons peut-être vers un état de choses où la » MAJORITÉ seule sera proclamée PRINCIPE DU DROIT, et où l'on » traitera d'USURPATEURS tous les souverains qui ne pour- » ront pas s'appuyer sur ce principe.

» Nous voyons les Dynasties, ÉLÉMENT QUI N'EST PLUS ES- » SENTIEL, se détacher de plus en plus des États.

» Le repos de l'Europe a exigé, non le maintien, mais » l'abdication de la Dynastie légitime à Neuchâtel. Ce n'est

» pas *l'ancien principe de la* LÉGITIMITÉ, mais *le nouveau* » *principe du* SUFFRAGE PAR TÊTES qui a prévalu dans cette » question, et *l'on fait en Europe un mérite au roi de Prusse* » *d'avoir fait plier promptement sa résistance contre le* » *nouveau principe.* »

Ce langage est l'expression du fait. C'est le Fait élevé à la hauteur de Théorie. C'est l'effet devenu cause. Jamais langage ne fut plus vrai, plus net, plus significatif : aussi l'*Union* et la *Gazette de France*, ces deux gardiens du tombeau de la légitimité en France ; le *Spectateur*, cette sœur Anne de la Fusion, qui regarde toujours et ne voit rien venir du côté de Frohsdorff ni du côté de Claremont, n'ont-ils pas même tenté de le réfuter. Ils ont reçu en pleine tête, sans essayer de le détourner, le pavé lancé sur eux par la *Nouvelle Gazette de Prusse*. Leur silence est un acquiescement au droit nouveau qui élève la souveraineté numérique au-dessus de la souveraineté dynastique, qui substitue le principe de la majorité au principe de la légitimité, et reconnaît aux Etats une existence indépendante des Dynasties.

Lorsque le langage de la presse allemande, de la presse américaine, de la presse britannique ressemble si peu, en 1857, à ce qu'il était en 1852 ; lorsque les gouvernements les plus connus, les moins libres, ont tous écarté leurs rangs pour laisser passer l'Empire et lui faire, parmi eux, la meilleure place ; lorsque la France, après onze mois d'expérience et de réflexion, a voté pour l'Empire à la majorité de 7,482,863 voix contre 238,582 voix sur 9,823,078 électeurs inscrits, l'attitude de la presse parisienne ne doit-elle pas changer ? Doit-elle rester immuablement la même ? *That is the question.*

Par ces mots : « La presse parisienne, » est-il besoin de dire que nous n'entendons désigner ni le *Constitutionnel*, ni le *Pays*, ni la *Patrie*, ni l'*Univers* ; que ces mots s'adressent premièrement à la *Presse*, au *Siècle*, à l'*Estafette*, et secondement au *Journal des Débats*, au *Spectateur*, à la *Gazette de France* et à l'*Union* ?

Pourquoi l'*Union*, pourquoi la *Gazette de France*, pourquoi le *Spectateur*, pourquoi le *Journal des Débats*, pourquoi l'*Estafette*, pourquoi le *Siècle*, pourquoi la *Presse* se condamneraient-ils à une stupide et dangereuse immobilité, quand ils peuvent en sortir par la porte que leur a ouverte la *Nouvelle Gazette de Prusse*, par la porte de la souveraineté numérique, par la porte du suffrage universel, derrière la France qui y est entrée ?

Au bout de cette immobilité de l'*Union* et de la *Gazette de France*, qu'y a-t-il? Y a-t-il le retour aux Tuileries de la branche aînée des Bourbons? Non, car le parti de la légitimité a même perdu, le jour de la prise de Sébastopol, la seule chance qui lui restait, celle d'une coalition armée et d'une invasion étrangère.

Au bout de cette immobilité du *Spectateur*, qu'y a-t-il? Y a-t-il le retour aux Tuileries, bras dessus bras dessous, du comte de Chambord et du comte de Paris? Non, car la fusion n'a pas plus de chance que la légitimité.

Au bout de cette immobilité du *Journal des Débats*, qu'y a-t-il? Y a-t-il le retour aux Tuileries du comte de Paris laissant à Frohsdorff le comte de Chambord? Non, car le suffrage universel a une force que n'a pas le cens électoral; il y a de l'un à l'autre toute la différence qui existe entre dix millions d'électeurs et deux cent quarante mille censitaires. La France pourra avancer, mais elle ne reculera pas.

Au bout de cette immobilité de la *Presse*, du *Siècle* et de l'*Estafette*, qu'y a-t-il? Y a-t-il le règne de la liberté? Non, car le moyen de la ramener, osons-le dire, ce n'est pas de rester à perpétuité dans cet état passif de protestation sous-entendue qui aboutit à la prostration de la presse démocratique, protestation individuelle contre le suffrage universel; ce n'est pas de refaire platement, sous Napoléon III, ce qu'a fait oiseusement sous Louis-Philippe Ier la presse légitimiste; ce n'est pas de bouder puérilement l'Empire? Où cela a-t-il conduit la presse légitimiste, de bouder la dynastie constitutionnelle? Où cela conduira-t-il la presse démocratique, de bouder la dynastie impériale?

Que le *Siècle* et l'*Estafette*, qui ont seuls la parole en ce moment, nous répondent !

Quant à nous, qui avons des yeux pour regarder, des oreilles pour écouter, la faculté de la réflexion pour nous en servir, nous pensons et nous disons que le temps est venu, plus que venu, de sortir de l'Opposition individuelle pour entrer dans l'Opposition constitutionnelle.

Le mouvement ne consiste pas à garder l'immobilité. La paralysie est voisine de l'idiotisme.

En adressant ici un appel public à toute la presse qui, jusqu'à ce jour, s'est tenue à distance de l'Empire ; en l'engageant à noyer dans le flot du suffrage universel les protestations individuelles ; en la conviant hautement à reconnaître la souveraineté numérique, le fait accompli, le fait sanctionné par les votes du 20 décembre 1851 et du 20 novembre 1852, enfin l'Empire et la nouvelle dynastie, nous ne cachons pas notre pensée, nous ne dissimulons pas notre but : notre but et notre pensée, c'est d'accepter la Dynastie pour qu'à son tour elle accepte la Liberté et change l'ennemie en auxiliaire.

Toute autre conduite a pu se justifier dans le passé ; elle ne se justifierait pas dans l'avenir.

Il faut vouloir les moyens de ce dont on veut la fin.

La fin que nous nous proposons, c'est la Liberté. Est-il un autre moyen d'y arriver avec plus de rapidité et moins de risques ?

Si ce moyen existe, que le *Siècle*, l'*Estafette*, le *Journal des Débats*, le *Spectateur*, la *Gazette de France* et l'*Union* l'indiquent ! Nous n'avons aucune prétention à l'infaillibilité ; nous n'avons de prétention qu'à la sincérité. Nous n'avons pas même la prétention à l'initiative, car nous ne faisons que tirer ici la conséquence des élections de juin 1857, auxquelles la *Presse*, le *Siècle* et le *Journal des Débats* ont pris une part active, puisque ces journaux et le *Courrier de Paris* se sont mis d'accord pour dresser et appuyer une liste de candidats qui ont dû à cet accord leur élection.

Nous l'avons dit et nous le répétons : les dernières élections générales et l'entrée au Corps législatif des députés que nous avons nommés sont le point de départ d'une politique nouvelle pour la presse démocratique, sous peine d'inconséquence et de déchéance.

Si la presse démocratique n'était pas fermement résolue à entrer dans cette voie, il fallait alors qu'elle s'abstînt et qu'elle laissât les élections s'accomplir sans y intervenir.

Par suite de morts et de refus de serment, des élections partielles vont avoir lieu prochainement à Paris. Les journaux qui sont sortis de l'abstention pour entrer dans l'intervention sortiront-ils de l'intervention pour rentrer dans l'abstention? Ce serait là une double inconséquence dont tous leurs lecteurs auraient le droit de leur demander un compte sévère. S'ils ne se réfugient pas dans l'abstention, s'ils ne s'annihilent pas dans le silence, s'ils ne se pétrifient pas sous la forme de sphinx égyptiens, quels candidats proposeront-ils ?

Nous avons nommé les nôtres en disant que nous n'adopterions que « les hommes de transition qui nous paraîtraient » les plus propres à éclairer le gouvernement par le scrutin, à le rassurer et à le faire avancer. »

En effet, nous déclarons hautement et d'avance que nous repousserons également et les candidats inconséquents qui commenceraient par signer le bulletin prescrit pour finir par refuser de prêter le serment exigé, et les candidats hybrides qui n'entreraient dans le Corps législatif qu'avec l'arrière-pensée de s'y introduire pour miner et renverser le gouvernement établi ; nous ne soutiendrons que ceux qui y entreront avec le désir sincère de consolider le pouvoir par la liberté qui animait Casimir Périer sous le règne de la branche aînée, Odilon Barrot sous le règne de la branche cadette.

Nous nous résumons : — ni servilité ni hostilité, ces deux limites dont le juste milieu est liberté.

Derrière ces limites où nous rencontrons l'Empire, nous ne craignons pas qu'on nous attaque, car nous y sommes avec l'Europe et la France, avec l'Europe représentée par le Congrès de Paris, avec la France représentée par sept millions quatre cent mille votants.

VI.

RESPONSABILITÉ MINISTÉRIELLE

ET

OPPOSITION CONSTITUTIONNELLE.

Un journal anglais, le *Standard*, prétend qu'il ne saurait y avoir d'opposition constitutionnelle sans responsabilité ministérielle.

Qu'y a-t-il de vrai dans cette objection qu'il nous adresse?

Pour s'en rendre exactement compte, il faut commencer par mettre hors de discussion et de comparaison le régime parlementaire tel qu'il existe et fonctionne dans la Grande-Bretagne, et n'appliquer l'objection qu'au régime tel qu'il est établi en France par la Constitution; de là son nom : Régime constitutionnel; puis, il faut se demander ce qui serait arrivé aux dernières élections générales du mois de juin 1857, si la majorité des élections eût envoyé en majorité dans le Corps législatif des députés voulant sincèrement l'affermissement de l'Empire et de la Dynastie nouvelle, mais le voulant avec la Liberté promise.

Croit-on que le chef de l'État, croit-on que l'empereur n'eût pas pris en sérieuse, très sérieuse considération le vœu de l'opinion publique traduit par le suffrage universel? Croit-on qu'il y eût vu une attaque à ses idées, une attaque à sa personne qui l'autorisât à se servir de l'article 46 de la Constitution et à dissoudre le Corps législatif pour en convoquer un nouveau dans le délai de six mois? Notre conviction est qu'il se fût au contraire empressé de prendre parmi les nouveaux élus ceux qui lui eussent paru les plus capables de devenir ses ministres, ceux que la France eût ainsi désignés à son choix.

Cette conviction, nous la puisons dans tous les discours que le chef de l'État a eu l'occasion de prononcer, car dans aucun de ces discours jamais on ne le voit personnellement ou systématiquement opposé aux hommes ou aux idées du progrès. Loin de là! rarement il omet de leur faire appel.

Son langage ne varie pas; nous y retrouvons toujours ces mêmes pensées que nous transcrivons :

« Notre devoir est donc de faire la part entre les idées » fausses et les idées vraies qui jaillissent d'une révolution ; » puis, cette séparation faite, il faut se mettre à la tête des » unes et combattre courageusement les autres. La vérité » se trouve en faisant appel à toutes les intelligences, en ne » repoussant rien avant de l'avoir approfondi, en adoptant » tout ce qui aura été soumis à l'examen des hommes com- » pétents et aura subi l'épreuve de la discussion. »

« Nous sommes entrés dans l'ère des améliorations qui » préviennent les catastrophes. »

« Les améliorations ne s'improvisent pas; elles naissent » de celles qui précèdent : comme l'espèce humaine, elles » ont une filiation qui nous permet de mesurer l'étendue du » progrès possible et de le séparer des utopies. Ne faisons » donc pas naître de vaines espérances, mais tâchons d'ac- » complir toutes celles qu'il est raisonnable d'accepter. »

« Le meilleur moyen de réduire à l'impuissance ce qui » est dangereux et faux, c'est d'accepter ce qui est vrai- » ment bon et utile. »

« Le pouvoir n'est plus ce but immobile contre lequel les » diverses oppositions dirigeaient impunément leurs traits. » Il peut résister à leurs attaques, et désormais suivre un » système sans avoir recours à l'arbitraire ou à la ruse. » D'un autre côté, le contrôle des Assemblées est sérieux, » car la discussion est libre et le vote de l'impôt décisif. »

« A ceux qui regretteraient qu'une part plus large n'ait » pas été faite à la Liberté, je répondrai : La Liberté n'a » jamais aidé à fonder d'édifice durable ; elle le couronne » quand le temps l'a consolidé. »

Le chef de l'État, l'empereur, ne repousse pas la liberté :

il l'admet en droit et en fait. Cela suffit pour qu'une opposition restant dans les limites de la Constitution puisse se former en vue des élections générales et du remplacement des hommes qui persisteraient à prétendre que le temps n'a pas encore suffisamment consolidé l'édifice qu'il s'agira de couronner.

En Angleterre, il n'y a pas d'opposition extra-constitutionnelle. Toute opposition, qu'elle soit alternativement whig ou tory, qu'elle soit radicale ou qu'elle soit chartiste, accepte la royauté irresponsable et la dynastie régnante. En France, au contraire, il n'y a plus d'autre opposition que l'opposition extra-constitutionnelle, celle qui, ne tenant aucun compte du suffrage universel, n'admet ni la Constitution actuelle ni la dynastie impériale. Cette opposition est condamnée au silence; mais, quoique muette, elle n'en existe pas moins. L'Empire est ainsi placé entre des ennemis jurés qui n'approuvent rien et des amis fascinés qui approuvent tout.

Entre ceux-là et ceux-ci, n'y a-t-il donc pas une place à prendre dans le double intérêt de l'Empire et de la Liberté se protégeant l'un par l'autre? Et si cette place existe, quel autre nom pourrait-on plus justement lui donner que celui d'Opposition constitutionnelle?

Nous le demandons au *Standard.*

En Angleterre, l'opposition qui aboutit aux changements de ministère est une opposition à deux degrés : premier degré, majorité électorale; deuxième degré, majorité parlementaire. Si, en France, l'opposition n'a qu'un seul degré : la majorité électorale, est-ce une raison parce qu'un mécanisme n'a qu'un ressort pour ne pas s'en servir?

Nous le demandons à tous les hommes de bon sens et de bonne foi; nous les prenons pour juges entre l'effort que nous tentons et la résistance qu'il rencontre de la part des journaux que cet effort a contrariés.

VII.

LA LIBERTÉ SELON LE *CONSTITUTIONNEL*.

Le *Constitutionnel* nous répond :

« Songe-t-on à fonder ce qu'on appelait naguère une » Opposition constitutionnelle combattant le pouvoir dans » le Parlement et dans la presse, aspirant au portefeuille » ministériel, agitant l'État au profit d'ambitions plus ou » moins justifiées ? S'il en est ainsi, nous cherchons vaine- » ment autour de nous les chefs et les soldats d'une Oppo- » sition constitutionnelle de ce genre. Seulement, nous ne » saurions accepter le lot qu'on nous attribue. On nous ac- » cuse de vouloir « *l'Empire sans la liberté.* » Notre réponse » est facile : Nous voulons tout simplement l'Empire tel » que la Constitution et les lois le définissent. Nous refu- » sons à quiconque le droit de se dire plus libéral que » nous, dans la saine acception du mot. Nous répétons » avec M. Troplong que la liberté d'un peuple doit consis- » ter dans « la somme de franchises qu'il peut supporter » sans se nuire, » et nous nous en tenons aux institutions » qui nous régissent et dont l'expérience a déjà sanctionné » la sagesse. Mais c'est trop nous arrêter aux singulières » théories de ceux qui veulent être les organes de l'Oppo- » sition constitutionnelle. Alors que les partis n'ont plus de » raison d'être, il n'y a plus de place pour les coteries. »

Nous répondons au *Constitutionnel :*

Vous refusez, dites-vous, « à quiconque le droit de se dire » plus libéral que vous dans la saine acception du mot ; » vous oubliez que, de tous les journaux opposés à la liberté après 1848, vous avez été le plus ardent à provoquer et à soutenir la loi restrictive de la liberté du vote, la loi restrictive du suffrage universel, la loi condamnée par le message du 4 novembre 1851, par le pouvoir constituant du 2 décembre 1851 et par la Constitution de 1852, la loi enfin du 31 mai 1850, laquelle avait mis à la porte des colléges électoraux trois millions d'électeurs ; vous oubliez que, pour justifier ce retranchement illogique de trois millions d'électeurs par leurs élus, cette prétendue nécessité de restreindre l'entière liberté du vote, vous disiez à cette époque comme aujourd'hui : « La liberté du peuple doit consister » dans la somme de franchises qu'il peut supporter sans se » nuire. »

A vous en croire, le peuple français ne pouvait supporter sans se nuire l'entière franchise électorale ; son intérêt exigeait que, sur neuf millions d'électeurs, trois millions disparussent. Eh bien ! qui de vous, l'adversaire de la liberté du vote, ou de ses défenseurs, avait raison en 1850 ? L'expérience a prononcé en 1851 et en 1852, et ce n'est pas contre eux, c'est contre vous qu'elle a prononcé.

Vous refusez, dites-vous, « à quiconque le droit de se » dire plus libéral que vous dans la saine acception du » mot. » Le droit de se dire plus libéral que vous appartient d'abord au président de la République, s'adressant en ces termes, le 4 novembre 1851, à l'Assemblée nationale législative : « Je me suis demandé s'il fallait, en présence » du délire des passions, de la confusion des doctrines, de » la division des partis, alors que tout se ligue pour enle- » ver à la morale, à la justice, à l'autorité leur dernier » prestige, s'il fallait, dis-je, laisser ébranlé, incomplet, le » seul principe qu'au milieu du chaos général la Providence » ait maintenu debout pour nous rallier ? Quand le suffrage » universel a relevé l'édifice social, par cela même qu'il » substituait un droit à un fait révolutionnaire, est-il sage » d'en restreindre plus longtemps la base ? » Ce droit de se dire plus libéral que vous appartient ensuite au pouvoir constituant de 1851, qui a rétabli le suffrage universel ; il appartient enfin à la Constitution de 1852, qui a reconnu que le peuple français pouvait supporter sans se nuire l'entière franchise électorale. Ce droit de se dire plus libéral que vous, refusez-le donc au président de la République élu le 10 décembre 1848 ! Refusez-le donc au Pouvoir constituant du 20 décembre 1851 ! Refusez-le donc à la Constitution du 14 janvier 1852 !

L'espoir en la liberté que nous n'aurions pas s'il n'y avait que vous pour nous l'accorder, vous qui trembliez devant la liberté universelle du vote, nous le mettons dans l'Élu qui n'en a pas eu peur et qui n'a pas craint d'y faire appel en novembre 1852 aussi bien qu'en décembre 1851, malgré tous les conseils qui lui furent donnés pour l'en détourner !

Oui, nous vous accusons de vouloir « *l'Empire sans la Liberté*, » car vous ne la lui demandez pas et nous la lui demandons, fermement convaincus que rien ne s'oppose à l'existence de l'*Empire avec la Liberté*, au contraire. Est-ce que le toit qui couvre l'édifice n'en protége pas le fondement ?

Est-ce que la liberté de la presse, par la terreur salutaire qu'elle imprime aux abus, ne serait pas plus profitable que nuisible à l'Empire ? Est-ce que l'Empereur peut tout voir, tout entendre ? Est-ce qu'on ose tout lui dire ? Est-ce que, s'il se commet loin de lui des excès de pouvoir dont on soit tenté de faire remonter la responsabilité jusqu'à sa couronne, il est certain d'en être toujours exactement averti ? Par ce qui s'est passé en Russie, à l'occasion de la guerre de Crimée, on a vu à quelle impuissance funeste, dans les grands jours des grandes épreuves, aboutissait l'autorité la plus absolue quand elle n'avait pas été secondée et éclairée par la liberté vigilante.

Si l'on pouvait séparer la cause des gouvernements de celle des peuples, nous dirions que la liberté est plus utile encore aux gouvernements qu'aux peuples ; car, en réalité, qu'est-ce que la liberté de la presse, sinon la délation anoblie, sinon la police transformée, c'est-à-dire appliquée non plus aux personnes mais aux abus ?

On dit que la liberté de la presse doit être en raison inverse de la liberté du vote ; que plus celle-ci a été étendue, plus celle-là doit être restreinte, sous peine de voir la lutte électorale dégénérer en trouble civil. L'expérience la plus décisive a fait justice de cette opinion erronée, de cette calomnie de la peur contre le suffrage universel : cette expérience est celle qui a eu lieu en avril et en décembre 1848. A ces deux époques, est-ce que la liberté de la presse la plus entière, est-ce que le suffrage universel le plus étendu ne coexistaient pas? Eh bien! quel a été le résultat des élections générales d'avril 1848? Quel a été le résultat de l'élection présidentielle de décembre 1848? Quoique le suffrage universel datât de la veille; quoique les neuf millions d'électeurs soudainement appelés, à peine inscrits, n'eussent été préparés à l'exercice de ce droit par aucun apprentissage, par aucune initiation, par aucune transition; quoique la fermentation des esprits fût encore grande, le plus léger trouble eut-il lieu sur un seul point, dans un seul comice? Le plus grand spectacle qu'ait jamais donné un peuple libre ne fut-il pas donné à cette époque par le peuple français, laissant loin derrière lui et le peuple anglais et le peuple américain, qui cependant avaient sur lui l'avantage d'une avance considérable? Aucun de ces désordres passagers qui se produisent dans les élections en Angleterre et aux États-Unis ne se produisit en France, où cependant le peuple est accusé d'avoir l'esprit moins flegmatique, moins calme que dans ces deux pays. C'est qu'aucun peuple, dans le monde entier, n'est, quoi qu'on en dise, plus mûr pour la liberté que le peuple français. Si elle ne lui est apparue à plusieurs reprises que pour lui échapper, ce n'est pas qu'elle fût trop précoce, ce n'est pas qu'elle fût trop grande : non, elle n'a pas péri par sa faute ; elle a péri par la division du pouvoir, ce qui prouve que la plénitude du pouvoir, c'est-à-dire sa liberté, n'importe pas moins à la liberté du peuple que cette dernière liberté elle-même.

Maintenant que nous avons usé du droit de prouver qu'il était facile d'être plus libéral que le *Constitutionnel*, répondons aux interpellations qu'il aiguise contre la future Opposition constitutionnelle. Si elle n'a encore ni chefs ni soldats, est-ce une raison pour qu'un jour elle n'en ait pas, sauf à la transformer en majorité gouvernementale dès qu'elle aura acquis le caractère imposant d'expression manifeste des vœux du pays ? Lui donner des soldats et des chefs : oui, c'est là ce que nous proposons, en vue, non des élections partielles de 1857, mais en vue des élections générales de 1863, ne fût-ce que pour y réduire à l'état de minorité tout candidat qui refusera de se dire plus libéral que le *Constitutionnel.*

Mais si nous différons avec ce journal sur la question de la Liberté suffisante et de l'Opposition constitutionnelle, nous sommes d'accord avec lui quand il déclare que, « alors » que les partis n'ont plus de raison d'être, il n'y a plus de » place pour les coteries. » Aussi, entre lui et nous, ne voulons-nous pour juge que le suffrage universel, librement consulté, librement exprimé.

En reconnaissant, ainsi que nous l'avons fait, l'Empire et la dynastie impériale, nous nous sommes placé au-dessus des partis ; en demandant la Liberté, ainsi que nous le faisons, nous nous plaçons au-dessus des coteries.

VIII.

CE QU'ON NOUS DIT.

On nous dit :

« Vous êtes allé trop loin ; il fallait vous borner à engager » les électeurs à retourner aux élections et les candidats » élus à prêter le serment prescrit par la Constitution pour » siéger au Corps législatif, sans leur demander rien de » plus que de se servir de la liberté promise comme d'une » épée toujours supendue. »

On nous dit :

« Vous criez dans le désert ; votre voix ne sera pas en- » tendue ; le *Constitutionnel*, qui ne veut pas de la liberté » que vous revendiquez, continuera d'être seul écouté, » parce qu'il est plus facile de gouverner sans la liberté » qu'avec la liberté. Ce sera vainement que vous vous se- » rez compromis et déconsidéré. »

On nous dit :

« Vous vous abusez grandement ou vous ne dites pas ce » que vous pensez quand vous prétendez que la liberté » éteindrait le dernier souffle des partis ; elle leur rendrait » la parole, et avec la parole une vie nouvelle. Les républi- » cains, qui gardent le silence, le rompraient ; les fusion- » nistes, les légitimistes, les orléanistes, qui se taisent, ne » se tairaient plus. »

On nous dit enfin :

« Vous avez entrepris deux tâches également impossi- » bles : quoi que ce soit que vous écriviez, vous ne ferez » pas faire aux hommes de la liberté un pas vers le pou- » voir ; vous ne ferez pas faire aux hommes du pouvoir un » pas vers la liberté. Des deux parts vous êtes sans titre » pour rien proposer, rien débattre, rien conclure. »

A ces objections, que nous fortifions plutôt que nous ne les affaiblissons, afin de vérifier exactement ce qu'elles ont de fondé, nous répondons :

A la première objection,

Il y avait logiquement deux conduites à tenir : l'une consistant à vivre en France comme un étranger qui y réside, se bornant d'y payer l'impôt, d'y respecter la loi, mais s'abstenant scrupuleusement de tout acte politique quelconque ; l'autre, consistant à suivre l'impulsion donnée par le *Siècle*, la *Presse*, le *Courrier de Paris*, l'*Estafette*, d'accord avec le *Journal des Débats*, M. Ledru-Rollin et M. Louis Blanc, et à faire ce qu'on a fait au mois de juin 1857, c'est-à-dire à prendre part aux élections qui ont eu lieu. La conduite qu'on a tenue est l'opposée de celle que prescrivait M. le comte de Chambord, loyal et conséquent. On a voté, et la preuve qu'on a voté en toute liberté, ce sont les élections de MM. Cavaignac, Carnot, Darimon, Goudchaux, Hénon et Ollivier. Ce qu'on a fait à Paris, rien n'empêchait de le faire dans toute la France. Si des fonctionnaires, méconnaissant la circulaire qui leur avait été publiquement adressée par M. le ministre de l'intérieur, ont abusé de leur pouvoir pour intimider des électeurs, ceux-ci ont manqué à leur devoir en manquant de fermeté, fermeté qui ne les exposait d'ailleurs à aucun péril sérieux. Ceux-ci ne sont donc pas plus excusables que ceux-là. Chacun a eu la liberté du vote dont il était digne. En tout pays et sous tous les régimes, il y aura toujours des fonctionnaires qui commettront des excès de pouvoir et des citoyens qui commettront des actes de lâcheté. Nulle part il n'y a jamais eu et il n'y aura jamais de liberté durable sans courage civil. Est-ce qu'aux Etats-Unis, où la force brutale joue souvent dans les élections un rôle réprouvé par la force morale, la crainte d'être battu dans une rixe éteint le désir d'être victorieux dans le scrutin ? Quoi qu'il en ait été, on a voté, et des candidats de diverses nuances d'opposition se sont présentés dans un certain nombre de colléges. C'est là un fait ; mais qu'est-ce qu'un fait, sinon un caillou sur un grand chemin, à moins que la science ou la discussion n'en fasse jaillir l'étincelle qui sera la lumière? Cette lumière, nous croyons qu'il est bon qu'elle se fasse. Essayons donc de la faire. Eh bien! à quoi aboutiraient, dans l'intérêt de la liberté, le seul intérêt qui nous préoccupe, des élections qui auraient pour résultat d'envoyer au Corps législatif, fût-ce en majorité, des hommes qui y seraient, relativement à l'Empire de 1852, ce qu'était à la Chambre des députés M. Ledru-Rollin relativement à la Monarchie de 1830? Loin de hâter le triomphe de la liberté, de telles élections ne feraient que le retarder encore, en ajoutant aux défiances du pouvoir contre elle, en les irritant, en les aggravant, en les justifiant en quelque sorte. Non, pas de réticence, pas d'arrière-pensée. Si vous n'avez pas la sincérité de Casimir Périer prêtant serment à la Charte de 1815, si vous n'avez pas la sincérité d'Odilon Barrot prêtant serment à la Charte de 1830, ne vous présentez pas, ne soyez pas candidat, ne soyez pas député. Si le serment, aboli le 1er mars 1848 par le gouvernement provisoire et rétabli le 28 octobre 1848 sur la proposition du citoyen Buchez, si le serment ne vous lie pas, s'il n'est pour vous qu'une vaine formule, sur quoi vous fondez-vous pour trouver blâmable qu'un serment prêté n'ait pas été gardé? Soyez donc conséquents! Nous savons qu'il y a souvent avantage à ne pas l'être, à s'arrêter à mi-chemin, à nager entre deux eaux, à n'être ni pour ni contre, à ne dire nettement ni oui ni non; mais qui cherche la vérité ne cherche pas l'avantage. Dans cette voie oblique, on piétinera sans avancer; on y trouvera l'indifférence, on n'y trouvera pas la liberté.

A la seconde objection,

Si le *Constitutionnel*, qui soutient à haute voix le contraire de ce qu'il dit à voix basse, quand il prétend que nous jouissons de la somme de franchises que nous pouvons supporter sans nous nuire, si le *Constitutionnel* continue de l'emporter, nous n'en n'aurons pas moins tenté le dernier effort possible. Ce sera une justice que nous aurons la satisfaction personnelle de pouvoir nous rendre. Royer-Collard, pour n'avoir pas été écouté par la majorité de MM. de Broglie et Guizot ses amis, qu'il adjurait de ne pas voter les lois de septembre 1835 contre la liberté de la presse, n'en a pas moins fait un discours et un acte qui sont restés mémorables, et qui le placèrent, non à la suite, non à la tête des partis, mais au-dessus d'eux. Croire qu'il est plus facile de gouverner sans la liberté qu'avec la liberté est une erreur que nous aurons combattue comme il faut combattre l'erreur, sans autre mobile que la vérité, sans masque et sans haine, par des raisons et non par des violences ou des perfidies. La preuve que ce combat ne nous aura ni compromis ni déconsidéré, c'est la foule sympathique qui s'est aussitôt amassée autour de nous et qui se charge de la réponse. Se compromettre et se déconsidérer est un risque qu'on ne court pas, quand sous le nom de l'intérêt général ne se déguise aucun intérêt personnel. Notre entier désintéressement est ce qui nous permet de tout dire, parce que nous n'avons rien à dissimuler.

A la troisième objection,

La discussion sur l'origine, le principe et la forme du gouvernement monarchique était interdite par les lois contre la presse avant 1848, et après 1848 le général Cavaignac avait posé en principe, à la tribune, qu'elle ne devait pas être permise sur l'origine, le principe et la forme du gouvernement républicain. Le gouvernement impérial, en s'opposant à ce qu'on discute son origine, son principe et sa forme, ne ferait donc que continuer ce qui avait lieu avant lui ; de la sorte, républicains, fusionnistes, légitimistes, orléanistes n'auraient pas plus la liberté qu'ils ne l'ont aujourd'hui de tirer de leurs poches leurs cocardes pour les attacher à leurs chapeaux. Mais, à la place du chef de l'État, ce serait une petite satisfaction que nous leur laisserions volontiers, car elle ne servirait qu'à constater leur impuissance aux prises avec le suffrage universel, aux prises avec huit millions d'électeurs. Républicains, fusionnistes, légitimistes, orléanistes ont la liberté du vote; où cela les mène-t-il? Quelle chance leur donnerait de plus la liberté de s'appeler par leur nom? De ce qu'ils ne le portent plus ouvertement, en existent-ils moins et n'est-on pas, au contraire, disposé à les croire plus nombreux et plus forts qu'ils ne le sont en réalité?

A la quatrième objection,

Si nous échouons dans la double tâche que nous avons entreprise, et où nul n'a encore réussi en s'y prenant autrement, si la Liberté et le Pouvoir continuent d'être ce qu'un pôle est à l'autre, comme nous n'avons reçu de mission d'aucune des deux parts, nous n'aurons déçu l'espérance de personne. « *Fais ce que dois, advienne que pourra,* » est une devise qui n'a pas été inventée pour le besoin de cette discussion, mais elle s'y applique et la justifie.

IX.

La lettre suivante a été adressée au **RÉDACTEUR EN CHEF DE L'***Indépendance belge*, qui s'est empressé de l'insérer :

« Paris, 14 décembre 1857.

» Monsieur le rédacteur,

» Tout en rappelant que vous vous étiez imposé la loi de » ne plus parler d'aucune des candidatures mises en avant » pour les prochaines élections de Paris, vous avez l'obli- » geance de dire : « Il en est une cependant qui est trop » caractéristique, dans la situation actuelle, pour que je ne » la mentionne pas : ce serait celle de M. de Girardin, au- » tour duquel l'attention publique vient de se ranimer si » vivement par suite des derniers événements du journa- » lisme parisien. »

» Permettez-moi de recourir à la publicité hospitalière de » l'*Indépendance*, qui ne m'a jamais fait défaut, pour an- » noncer que je ne suis pas candidat à la députation et que » je ne veux pas l'être. La proposition, il est vrai, m'en a » été faite, mais j'y ai répondu négativement dans les ter- » mes les plus catégoriques.

» Permettez-moi encore de profiter de l'occasion que m'offre » cette réponse pour démentir une autre nouvelle sans fon- » dement. Il n'est pas vrai que j'aie acheté ni la direction » ni la propriété du *Courrier de Paris*, soit en totalité, soit en » partie, quoiqu'il soit également faux de dire que j'aie pris, » en vendant mes parts de la *Presse* à M. Millaud, aucun » engagement qui porte la plus petite atteinte à la pléni- » tude de ma liberté. Je lui dois la justice de décla- » rer qu'il ne m'en a demandé aucun.

» Quant aux articles qui ont paru dans le *Courrier de* » *Paris*, et qui me sont attribués, ce que je puis dire, » c'est qu'ils sont le développement de la lettre que j'ai eu

» l'honneur de vous adresser du Giessbach (Suisse), le 3 août » 1857, et que vous avez eu la bonté d'insérer.

» Au nom de la liberté, dont pas un jour depuis que je » tiens une plume je n'ai abandonné un seul instant la » cause; au nom de la liberté, objet constant de toutes mes » études et de tous mes vœux; au nom de la liberté, à la» quelle j'ai toujours subordonné toutes les questions, pour » moi secondaires, de gouvernements et de partis, de dy» nasties et de ministères, d'amis et d'ennemis personnels, » j'ai déclaré dans cette lettre du 3 août que la liberté n'é» tait pas incompatible avec l'empire; au nom de l'empire, » des journaux prétendent que l'empire est incompatible » avec la liberté! Comme ils sont en position d'être mieux » informés que moi, je dois en croire leur déclaration, mais » je ferai remarquer qu'elle n'infirme pas la mienne; *je ne* » *suis pas le seul de cet avis.* »

» Recevez, etc.

» ÉMILE DE GIRARDIN. »

La lettre du 3 août 1857, ci-dessus rappelée, était elle-même d'accord avec la réponse ci-après, insérée dans la *Presse* du 7 avril 1852 :

« Je lis dans l'*Indépendance :*

« Un ralliement plus ou moins direct, plus ou moins condi» tionnel, plus ou moins déguisé au gouvernement de Louis-» Napoléon fait, en ce moment, un certain bruit à Paris. C'est » celui de M. Émile de Girardin, qui vient de publier sous ce ti» tre : CONSERVONS LA RÉPUBLIQUE, deux articles fort curieux où » se trouvent toute l'habileté, tout le talent du célèbre publiciste, » et dans lesquels il se prononce nettement pour le maintien et » l'affermissement du nouvel ordre de choses, *comme le moyen* » *le plus sûr d'arriver à la* LIBERTÉ. »

« Je réponds à ce passage de l'*Indépendance:*

« *Si je suis rallié,* » alors il faut admettre que le président de la République ne vise pas à l'empire; s'il y vise, il faut alors admettre que je ne suis pas « *rallié.* » Il faut choisir entre l'une ou l'autre de ces deux affirmatives. Maintenant, voici la vérité : Ramené à Paris par d'impérieuses et urgentes affaires, j'ai cédé uniquement à la voix de convictions profondes, en disant mon opinion, en toute indépendance, au risque de contrarier des vues personnelles qu'on suppose et qu'on prétend très arrêtées, et en m'attendant à recevoir de nouveau l'ordre de retourner, à mon choix, en Belgique, en Allemagne ou en Angleterre.

» Mes malles sont prêtes ; mais, avant de repartir, j'aurai dit ce que je croyais utile de dire à la démocratie, ce qui est le résultat de deux mois de réflexions dans la solitude de l'exil.

» Plus j'y ai réfléchi, et plus je suis demeuré profondément convaincu, je le répète, que le pessimisme était le chemin le plus droit, conséquemment le plus court, pour arriver au légitimisme. Tout, plutôt que la restauration européenne du passé séculaire!

» Aussi, quoique marqué au sceau de l'ostracisme et frappé de la manière la plus grave dans tous mes intérêts, n'ai-je cessé d'écrire de Bruxelles à Paris : « Point de pessimisme ! »

» Quant aux soupçons qui ne m'avaient pas épargné avant mon retour, même avant mon départ, le 14 janvier, j'ai payé, surtout depuis un an, assez cher (plus de 500,000 francs) le droit de les dédaigner pour en user. J'en use donc.

» ÉMILE DE GIRARDIN. »

LA QUESTION DÉBATTUE.

DÉCEMBRE 1858.

I.

LA LIBERTÉ ABSOLUE ET LA LIBERTÉ LÉGALE.

ARTICLE DE LA *PATRIE*.

« 6 décembre 1858.

« L'Empire ne sera un gouvernement définitif qu'avec » et par la liberté. Le lui déclarer, c'est faire acte de » sincérité et non acte d'hostilité. »

Ainsi s'exprime M. de Girardin dans l'introduction de son livre : QUESTIONS DE MON TEMPS. Nous pensons comme lui sur ce point. La liberté est à un gouvernement ce qu'est la santé à un homme : elle est l'état normal, régulier, nécessaire d'une société avancée et éclairée comme la nôtre ; elle est le signe de l'équilibre de toutes les forces individuelles et sociales ; en un mot, elle est la condition même de la vie d'un grand peuple. Quand la liberté n'existe pas, c'est qu'il y a malaise, souffrance, altération dans l'organisme, ce qui constitue un état essentiellement transitoire et passager.

Donc, quand M. de Girardin dit qu'il n'y a de gouvernement définitif qu'avec et par la liberté, il affirme une vérité enseignée par la philosophie, confirmée par l'histoire, et qui peut être considérée désormais comme acquise à la science politique.

Mais de quelle liberté s'agit-il?

L'éminent publiciste n'a aucune hésitation dans l'esprit; il ne trouve aucun doute dans sa pensée : « Je » n'entends point, dit-il, cette liberté de nom, ce pri- » vilége de fait, surnommée la liberté sans licence, » hypocrisie de liberté qui ne servirait qu'à donner » des arguments à certaines prétentions dynastiques. » Je n'entends pas un peu de liberté, j'entends beau- » coup de liberté; je n'entends pas plus de liberté, » j'entends toute la liberté. »

On reconnaît à ces affirmations un esprit absolu, qui ne s'arrête ni aux tempéraments, ni aux transactions, qui d'un seul bond s'élance d'une extrémité à l'autre, qui ne connaît pas de milieu entre le despotisme et la liberté, et qui, s'il n'acceptait Franklin pour ancêtre, serait capable de suivre M. de Maistre comme un chef et un guide.

Et cependant, M. de Girardin se défend d'être absolu. Je crois qu'il se trompe. Quand il raconte les transitions par lesquelles il a passé, ses méditations laborieuses et les patientes vérifications auxquelles il a soumis son esprit et ses idées avant d'arriver à ce point extrême, il prouve sans doute sa parfaite bonne foi; mais il prouve aussi que les esprits comme le sien, dès qu'ils sont partis, sont aussi impossibles à retenir qu'à modérer. Ils ressemblent aux trains à grande vitesse qui passent à toute vapeur devant les stations intermédiaires, et qui arrivent au but en dévorant l'espace.

Cette puissance d'élan, cette audace de logique,

font les grands théoriciens; mais peuvent-elles faire un gouvernement? nous ne le pensons pas. La politique, qui n'est que la science appliquée aux mœurs, aux besoins et aux intérêts des peuples, a d'autres exigences et d'autres lois. Elle ne se soumet pas servilement à la théorie, elle la plie, au contraire, à ses nécessités; elle procède lentement, patiemment; elle ne court pas, elle marche; elle ne s'élance pas d'un seul bond vers le but, elle avance par étapes; sa synthèse n'est que le résultat de l'accord des principes et des faits.

Il faut donc que M. de Girardin en prenne son parti. Quoiqu'il repousse ce caractère, évidemment l'*absolu* le domine et l'entraîne, au moins dans la théorie; peut-être serait-il différent dans l'application. La responsabilité est une excellente pierre de touche. Nous avons vu bien souvent des publicistes, arrivés aux affaires, reléguer dans leurs bibliothèques des idées qu'ils avaient crues vraies et qu'ils jugeaient impraticables. C'était pour eux comme un capital auquel ils ne demandaient point d'intérêt. Ce n'était pas un capital actif. Nous aimons à croire qu'il en serait ainsi pour M. de Girardin, s'il avait été appelé à exercer sa part de pouvoir dans son pays. Il serait libéral, sans aucun doute; mais après avoir demandé beaucoup de liberté, toute la liberté, il se croirait généreux sans doute s'il en donnait un peu.

Il serait en cela comme M. Guizot, comme M. Thiers, comme M. Odilon Barrot, comme tous les théoriciens de la liberté, théoriciens moins avancés que lui, il est vrai, mais très hardis cependant dans l'opposition, et qui, une fois au pouvoir, ont amendé, atténué, corrigé leurs doctrines trop libérales, pour donner à l'autorité un appui énergique et loyal.

Entre les méditations du cabinet au sein duquel M. de Girardin élabore ses théories de liberté absolue et les responsabilités impérieuses du gouvernement, il y a la différence qui existe entre la conception et la réalité. M. de Girardin ne serait pas un mois sous le poids de la responsabilité avant de reculer du point où il est arrivé, c'est-à-dire de la liberté absolue, pour revenir au point d'où il est parti, c'est-à-dire la liberté légale.

La liberté absolue, dans un pays comme la France, c'est la révolution. Quand M. de Girardin nous compare à l'Amérique et à l'Angleterre, il oublie notre histoire, et l'histoire la plus près de nous; il méconnaît notre caractère et nos mœurs. En Amérique, en Angleterre, il y a des intérêts positifs qui dominent toutes les passions. Les partis n'y sont que des divisions d'opinion. En France, les partis ont été longtemps et sont encore des antagonismes de classes et de principes de gouvernement. Les passions qui ont enfanté tant de révolutions depuis soixante années sont loin d'être éteintes; elles bouillonnent sourdement; qu'on leur laisse le champ libre, et elles vont déborder de nouveau sur la société.

Nous avons eu la liberté absolue du 24 février au 23 juin, liberté de tout dire, de tout écrire et presque de tout faire. Certes, M. de Girardin en a usé courageusement, pour la défense de la société. Mais il a failli lui en coûter cher. A ses attaques trop fondées contre le gouvernement provisoire, à ses appels énergiques à l'opinion, à sa noble et patriotique résistance à l'anarchie, des bandes d'émeutiers répondaient par des hurlements sauvages et menaçants sous les fenêtres des bureaux de son journal. La liberté absolue de ce temps n'était que la tyrannie de tous, affreuse tyrannie, irresponsable comme la multitude, brutale et capricieuse comme elle. Tout le monde était libre, en effet, excepté les honnêtes gens, qui sentaient l'oppression sur leur dignité, leur indépendance, leur fortune, et sur toutes les conditions de la vie sociale, dans ce qu'elle a de plus sacré, de plus inaliénable et de plus intime.

Que M. de Girardin se reporte à ce temps, qu'il mette sa théorie de liberté absolue sous la lumière de ces tristes souvenirs, et qu'il nous dise s'il y a un argument, parmi tous ceux qu'il accumule avec tant d'art et de conviction, qui puisse prévaloir contre cette expérience terrible.

Ce pays entend encore le bruit sinistre du rappel ; il entend les déclamations furibondes des clubs et de la presse démagogique ; il entend les échos douloureux de la bataille de juin, et il ne saurait comprendre ni accepter comme possibles et raisonnables des doctrines qui ont eu cette triste part dans notre histoire contemporaine.

L'Empire est assurément bien fort. Il a pour lui tout ce qu'un gouvernement peut avoir, la légitimité de la volonté nationale, le prestige de la gloire, la nécessité même du salut public. Eh bien ! nous n'hésitons pas à le dire, qu'il ouvre demain les écluses de la liberté absolue ; qu'il donne aux partis le droit de déconsidérer le gouvernement, d'attaquer son principe, de dénaturer ses actes, de calomnier ses hommes ; que les clubs et les journaux puissent entraîner l'opinion, et nous ne répondons plus de rien, non-seulement du gouvernement, mais de la société elle-même.

Il y a en France un sentiment salutaire et profond qui n'existe pas au même degré en Angleterre et en Amérique : c'est le respect de la loi. En Amérique et en Angleterre, les mœurs sont peut-être au-dessus des lois. En France, les lois s'imposent même aux mœurs. Les limites qu'elles tracent, les vérités qu'elles consacrent, les intérêts qu'elles protégent ne trouvent que de faibles résistances, en dehors de ces révoltes soudaines qui éclatent parfois, sous l'empire de certaines causes, et qui sont des révolutions quand elles triomphent. Le respect que notre pays accorde à la loi détermine le caractère même de la seule liberté qui lui convienne, c'est-à-dire de la liberté légale.

La liberté légale, et non la liberté absolue, voilà le besoin de la société et le couronnement de l'Empire, selon la belle expression de son fondateur! Celle-là n'est pas seulement possible, elle est nécessaire. Mais où en sera la limite? elle sera à ce point marqué par le sens commun, par la conscience et la raison du législateur, et qui sépare la lutte du contrôle, la diffamation de la discussion, les partis des opinions. Cette distinction est facile à tout le monde, même à M. de Girardin; elle repose tout simplement sur l'interprétation, comme la justice et comme toutes les décisions humaines.

Cette liberté légale, elle a existé pendant près d'un demi-siècle dans des mesures différentes. Il s'agit seulement de la restreindre ou de l'étendre, selon que la société est plus ou moins troublée. C'est l'œuvre du législateur. On a été bien sévère pour cette liberté; on l'a rendue responsable de tous nos malheurs et de toutes nos luttes. Après avoir été condamnée comme complice de nos révolutions, elle en a été la victime, et elle expie encore aujourd'hui des torts qui ne sont peut-être pas uniquement les siens. Les deux révolutions auxquelles ont abouti, en moins de quarante ans, deux essais de monarchie constitutionnelle, tiennent moins peut-être aux périls de la liberté légale qu'à une mauvaise organisation des pouvoirs et à leur antagonisme dans des Constitutions qui avaient méconnu les conditions essentielles de l'unité dans le gouvernement.

Cette unité, qui est la tradition de notre histoire, le besoin de notre pays, la condition de notre civilisation, l'Empire l'a réalisée. C'est pour cela qu'il n'a pas à craindre la liberté légale; c'est pour cela qu'il peut, sans inconvénient, en développer le principe qu'il a déposé dans ses institutions et en réaliser l'espérance qu'il a associée à son origine.

Que M. de Girardin y prenne garde ! Lui, libéral sincère et convaincu, en repoussant la liberté légale, en demandant la liberté absolue, il se range, sans le vouloir, du côté de ceux qui n'en veulent à aucun titre.

Liberté absolue et pouvoir absolu sont deux extrêmes qui se touchent. L'un mène à l'autre. Le plus sage est de s'arrêter en chemin, afin de ne tomber dans aucun des abîmes auxquels conduit infailliblement cette double pente.

II.

RÉPONSE DE M. DE GIRARDIN.

7 décembre 1858.

Je n'ai jamais refusé d'accepter dans la *Presse* un débat sur une question grave, l'accepterez-vous dans la *Patrie?* Je l'ignore. Dans le doute, je fais le contraire de ce que conseille la maxime consacrée, je ne m'abstiens pas. De la maxime ou de moi, vous déciderez qui aura tort.

Je commence par constater que nous sommes d'accord sur les deux points essentiels : l'unité du pouvoir et la nécessité de la liberté. De votre aveu, « la liberté » est à un gouvernement ce que la santé est à un » homme. » J'aurais dit moins bien et je n'aurais pas dit plus. En effet, qu'est-ce que la santé? — C'est la liberté du corps.

Votre comparaison si parfaite a cet avantage qu'elle réfute d'elle-même votre distinction entre « la *liberté* » *absolue* et la *liberté légale.* » La maladie a des degrés, la santé n'en a point. Ne pas se porter complétement bien, c'est se porter mal. Par le mot liberté, je n'entends donc rien de plus intellectuellement que ce que vous entendez corporellement par le mot santé. Ainsi, vous n'êtes pas moins absolu que moi, je ne suis pas plus absolu que vous. Passons et laissons de côté la théorie, qu'on peut discuter sans fin, pour nous arrêter au fait, qu'on ne peut nier sans bonne foi. Est-il vrai, ainsi que vous le dites, que la liberté improvisée qui a duré du 24 février au 23 juin 1848 ait été « la tyran- » nie de tous et une expérience terrible? »

La preuve matérielle du contraire, c'est que pendant ces quatre mois, tous les journaux, sans en excepter un seul, ont continué de paraître ; c'est que toutes les idées ont pu se produire, toutes les opinions se manifester, toutes les questions se débattre, toutes les causes se défendre, tous les faits se rectifier ; c'est qu'elle seule, je le répète, elle seule, a protégé et assuré, contre la dictature des commissaires plus ou moins extraordinaires du gouvernement provisoire, la sincérité des élections générales, en avril 1848, première épreuve du retour au suffrage universel ; c'est que le 23 mai j'ai pu insérer des lettres du prince de Joinville, datées de Claremont, et cinq jours après une lettre du prince Louis-Napoléon, datée de Londres le 25 mai 1848 ; c'est que le 26 mai j'ai pu protester hautement contre la présentation du décret de bannissement de la famille d'Orléans, voté notamment par MM. Dufaure, de Malleville et Vivien, qui tous les trois, sous le roi Louis-Philippe, avaient été ministres ou sous-secrétaires d'État ; c'est qu'enfin le 12 juin, j'ai pu non moins énergiquement protester contre l'ostracisme dont la commission du pouvoir exécutif aux abois demandait à frapper l'héritier de l'empereur Napoléon.

Soyons justes et n'exagérons rien. Vous me rappelez le jour où l'imprimerie de la *Presse* fut menacée, au nom de la liberté, par la foule égarée ; à mon tour, je pourrais vous rappeler le jour où l'imprimerie Boulé fut saccagée au nom de l'ordre par la force armée ; mais qu'est-ce que cela prouverait ? Cela prouverait que la liberté et l'autorité ont l'une et l'autre leurs jours d'absence. Ai-je jamais dit le contraire ? Ne soyons pas plus sévères, vous, contre les écarts de la liberté, que je ne le suis, moi, contre les égarements du pouvoir. Pesons leurs excès dans la même balance. C'est là tout ce que je demande. Est-ce trop demander ?

Grâces à la liberté légitime telle que je la revendique, c'est-à-dire dérivant d'elle-même et d'elle seule, le banni de la loi du 12 janvier 1816 renouvelée le 12 avril 1832, a pu être, a été, le 10 décembre 1848, l'élu de six millions d'électeurs. Avec la liberté légale telle que vous la préférez, c'est-à-dire dérivant, selon les temps, soit de la volonté d'un seul, soit du vote de plusieurs, et se nommant édit, loi ou décret, ces six millions d'électeurs, sur huit millions de votants, eussent pu être et eussent été privés de tout moyen d'élire le proscrit, sur le retour duquel ils fondaient toutes leurs espérances, car le gouvernement provisoire, pour écarter ce risque, pour conjurer ce péril, n'avait : premièrement, qu'à suspendre l'exercice de la liberté de la presse, en alléguant textuellement vos propres motifs : « l'existence des partis, les antago- » nismes de classes et de principes de gouvernement, » le bouillonnement des passions ; » deuxièmement, qu'à improviser ou qu'à faire revivre l'une de nos innombrables Constitutions, au lieu de convoquer une Assemblée constituante ; troisièmement, qu'à nommer l'un des siens président de la République d'abord pour dix années et ensuite à vie. Qui, bien que le désir ne leur en ait pas manqué, a empêché les membres du gouvernement provisoire de se perpétuer au pouvoir sous le nom de liberté légale ? Ce qui les en a empêchés, c'est le plein exercice de la liberté légitime.

La liberté légale, que vous placez au-dessus de la liberté légitime et que je place au-dessous, fermait l'entrée de la France à tous ceux qui portaient le nom de Bonaparte ; la liberté légitime, que je place au-dessus de la liberté légale et que vous repoussez, leur rouvrait les portes de la patrie, après trente-deux ans d'exil ! Le 12 juin 1848, était-ce la liberté légale qui avait raison ? Etait-ce la liberté légitime qui avait tort ?

L'empire doit son cours à la liberté, la liberté devra le sien à l'empire. Je n'ai sur ce point aucune inquiétude ; j'ai confiance dans la logique des choses. Le passé me répond de l'avenir. L'empire ne peut pas plus renier la liberté que la gloire.

Tout ce qu'on répète contre la liberté légitime au nom de la liberté légale, je l'ai entendu dire contre le suffrage universel au nom du suffrage restreint. Un jour, le 1er octobre 1851, le président de la République a reconnu que le suffrage restreint était le sentier par lequel les partis dynastiques avaient espéré le perdre et arriver ; comment a-t-il échappé à leur piége? En se hâtant de reprendre la grande route qu'ils lui avaient fait quitter. A-t-il eu tort de se confier au suffrage universel? Assurément, non. Eh bien! la liberté légale est à la liberté légitime ce que le suffrage restreint est au suffrage universel, ce que « la légalité » d'où l'on sort est au droit où l'on rentre. »

Vous prétendez que « je me trompe et que j'oublie » l'histoire quand je compare la France, où les pas- » sions dominent les intérêts, à l'Angleterre, où les in- » térêts dominent les passions. » Si les passions, ce que je nie, dominent en France les intérêts, comment la France, qui n'a plus peur du suffrage universel, a-t-elle peur de la liberté britannique? Si les intérêts, ce que vous affirmez, dominent en Angleterre les passions, comment l'Angleterre, qui n'a pas peur de la liberté, a-t-elle peur du suffrage universel, moins que cela, de la proposition Bright? Égale inconséquence des deux parts!

Croyez-moi, laissons en arrière de nous des distinctions surannées qui ne reposent sur rien de solide. Toute votre habileté transparente d'argumentation échouerait à prouver qu'entre le Français de Calais et l'Anglais de Douvres, le Français de Tourcoing et le Belge de Mouscron, le Français de Mulhouse et le Suisse de Bâle, le Français de Culoz et le Piémontais de Ruffieux, il existe des différences de caractère et de latitude qui suffisent à justifier que l'Anglais, le Belge, le Suisse, le Piémontais soient en possession paisible d'une liberté dont le Français, leur voisin limitrophe, ne pourrait jouir sans trouble ; ne répétons pas ce lieu commun percé au coude, qu'en 1688 l'Angleterre n'a pas eu tout de suite, sous le règne de Guillaume III, la liberté qu'elle a acquise après la mort de Henri IX, le dernier des Stuarts, car, indépendamment d'une citation accablante que je m'abstiens de faire (1), je pourrais vous opposer l'exemple de la Belgique, où la liberté, pleinement instituée en 1831, a été scrupuleusement respectée, constamment conservée depuis cette époque, malgré les prétentions dynastiques de la famille d'Orange, et son refus opiniâtre, pendant sept ans, de signer le traité qui a consommé la séparation entre les deux moitiés du royaume des Pays-Bas : la Belgique et la Hollande. Cependant, s'il y eut jamais quelque part un motif d'ajourner la liberté, assurément ce fut en cette circonstance, car le roi Guillaume, beau-frère de l'empereur Nicolas, partie solidaire de la Sainte-Alliance, n'était ni un roi déchu, ni un prétendant désarmé subissant le sort commun de cette classe d'exilés. S'il perdait le trône de Belgique, il conservait le trône de Hollande, gardait le commandement d'une armée, et ne cessait pas de siéger, en Europe, dans le conseil des têtes couronnées. Eh bien ! quoiqu'il y eût en Belgique deux dynasties rivales, les princes d'Orange et les princes de Saxe-Cobourg, cette rivalité n'a pas empêché la liberté d'y creuser son lit et d'y régler son cours.

Revenons à la liberté légale. Vous dites : « La liberté » légale, voilà le besoin de la société ! » Je vous réponds : ce besoin est satisfait, car la liberté légale existe en France. La preuve s'en trouve dans votre article et dans ma réponse. Si cette liberté réglée par la loi, « réglée, selon vos expressions, par la conscience » et la raison du législateur, » ne vous suffit pas, de quelle liberté légale entendez-vous donc parler ?

(1) *Fragments historiques*. ŒUVRES DE L.-N. BONAPARTE. T. II, p. 9.

Par cette contradiction, convenez-en, vous reconnaissez implicitement qu'il y a, qu'il doit y avoir une autre liberté que la liberté légale, qui fut si longtemps pour le prince Louis-Napoléon Bonaparte l'exil perpétuel.

Qui empêche que la liberté légitime que je revendique en 1858 comme je la revendiquais en 1848, ne serve de mesure à la liberté légale que vous glorifiez? Jamais moment sera-t-il plus propice? La paix signée à Paris règne en Europe; l'épée de la France pèse partout un poids redoutable et redouté. Jamais le pouvoir sera-t-il plus solidement assis? Il est encore l'élection dans toute sa force, non affaiblie par l'hérédité; tous les partis, sans exception, marchent courbés sous le poids de leurs fautes, de leur défaite ou de leur impuissance. Attendra-t-on que l'heure d'une régence possible ait sonné? Peut-être serait-ce tardif. Attendra-t-on qu'il n'y ait plus de rejetons de l'une des deux branches de l'ancienne famille régnante? Peut-être serait-ce s'exposer à attendre plusieurs siècles. Attendra-t-on que l'idée républicaine, compromise par les républicains, ait eu le temps de les faire oublier? Peut-être serait-ce plutôt qu'on ne pense. Attendra-t-on qu'une révolution qui couve en Italie ou qu'une guerre qui peut éclore en Orient ait jeté l'Europe et la France dans de graves, sinon dans d'inextricables complications? Peut-être serait-ce peu prudent. Si l'on n'attend aucune circonstance critique, permettez-moi de vous le demander, qu'attend-on?

L'empereur Alexandre III n'a rien attendu pour attacher impérissablement son nom à l'abolition du servage corporel en Russie. L'abolition du servage intellectuel en France y fût-elle œuvre plus difficile et plus périlleuse, que je dirais : tant mieux pour l'empereur

Napoléon III. Le mérite sera proportionné à la difficulté. L'émulation fera leur alliance ; elle sera leur force ; elle sera leur gloire !

Je termine par ces mots nécessaires : Si le pouvoir a fait oublier la liberté à MM. Thiers, Guizot et Barrot, c'est que la liberté, qui, pour moi est le but, ne fut jamais pour eux que le moyen.

III.

RÉPONSE A M. DE GIRARDIN.

M. de Girardin constate l'accord qui existe entre lui et nous sur deux points : l'unité du pouvoir et la nécessité de la liberté. Ces deux points sont fondamentaux dans la discussion. Ils constituent tout un système politique qu'il nous paraît de plus en plus essentiel de mettre en lumière. Ils résument, selon nous, toute la doctrine de l'Empire, et ils contiennent le développement logique et nécessaire des institutions sur lesquelles repose la dynastie du suffrage universel.

Unité du pouvoir et liberté, telle est en effet la pierre angulaire du régime sorti de la révolution française, comme une conséquence du travail des siècles, et non comme la création du génie d'un homme.

Cet accord entre M. de Girardin et nous sur l'unité du pouvoir et la nécessité de la liberté nous crée un terrain commun où nous sommes heureux de le rencontrer, et qui nous éloigne également de ceux qui veulent le pouvoir sans la liberté, et de ceux qui veulent la liberté sans l'autorité.

Évidemment, par cette profession de foi, le célèbre publiciste prouve qu'il n'est ni absolutiste ni révolutionnaire.

Mais sa doctrine de l'absolu le fait cependant l'auxiliaire de l'absolutisme ou de la révolution. C'est ainsi qu'il peut se trouver absolutiste et révolutionnaire sans le vouloir.

Absolutiste, car en repoussant comme un *privilége* et comme une *hypocrisie la liberté sans licence*, M. de Girardin enchaînerait fatalement le pays à un pouvoir sans frein et sans contrepoids;

Révolutionnaire, car en livrant la société à la liberté absolue, il la jetterait forcément dans un courant irrésistible, qui l'entraînerait à une révolution.

Qu'est-ce en effet que la liberté absolue? Est-ce la santé, comme le dit M. de Girardin? Non, c'est l'excès de santé. Se trop bien porter, c'est se mal porter. La vie de l'homme, comme celle des peuples, n'est pas dans l'exagération des forces vitales, mais dans leur équilibre. Quand ces forces surabondent, elles éclatent, elles foudroient. On meurt d'un coup de sang comme on meurt de défaillance. Dans la langue politique, un coup de sang s'appelle une révolution.

Mais n'insistons pas sur la théorie plus que ne le veut M. de Girardin, et suivons-le sur le terrain où il nous amène, celui des faits.

« La liberté absolue, avions-nous dit, n'est pas seu-
» lement une théorie, elle peut se juger aux fruits
» qu'elle a portés. Nous l'avons eue du 24 février au
» 23 juin 1848. Sortie des barricades de février, elle
» s'est ensevelie dans les barricades de juin. Née de
» la guerre civile, elle a produit la guerre sociale. »

M. de Girardin a une autre manière de faire le bilan de la liberté absolue : il porte à son actif tout ce qu'il y a eu de courageuses et patriotiques résistances pendant son règne, et il néglige d'inscrire à son passif les terreurs qu'elle a causées, les désastres qu'elle a amenés, le sang qu'elle a coûté. Il rappelle que l'on a pu tout dire, tout écrire, et il oublie que l'on a pu tout faire. Il n'entend que les libres discussions et les énergiques protestations de quelques journaux, et il ferme l'oreille aux menaces des bandes anarchiques et aux fusillades de juin.

De cette manière, la balance sera nécessairement faussée. Pour qu'elle soit juste, il y a un procédé bien simple : c'est de faire le total de ces quatre mois de liberté absolue, dont M. de Girardin énumère seulement quelques actes. Le total, c'est la guerre sociale.

D'où il résulte nécessairement que le passif a absorbé et emporté l'actif. Deux mouvements en sens contraire se sont produits sous l'influence de la liberté absolue : d'un côté, il y avait des hommes qui s'en servaient pour défendre la société; de l'autre, il y avait des hommes qui s'en servaient pour la ruiner et la détruire. Chaque jour, son compte s'établissait par ce double courant de recette et de dépense. Il est toujours plus facile de dépenser que de produire. L'ordre social, privé de direction et de protection, est tombé en déficit. La liberté absolue n'a été qu'une banqueroutière; elle a trahi la société; elle a perdu la République, et quant à M. de Girardin, son défenseur persévérant, elle l'a jeté un jour aux mains d'une dictature militaire qui l'emprisonnait brutalement. Après avoir été son complice, il a été sa victime, et nous nous demandons aujourd'hui avec quelque surprise comment tant de mécomptes et d'expériences décisives lui permettent encore de se faire son apôtre!

Maintenant, est-il possible de faire honneur à la liberté absolue du retour des Bonaparte et de l'élection du 10 décembre? Sur ce point encore, nous sommes obligés de contredire M. de Girardin. Il est vrai, en effet, qu'il fut un moment question de proscrire ce nom, qui s'élevait, au milieu de nos discordes, comme un pressentiment d'avenir. Ce n'est pas le désir qui en a manqué au gouvernement provisoire et à la Commission exécutive, et plus tard à l'Assemblée constituante. Ce qui leur manqua, ce fut le pouvoir de remonter le courant de l'opinion. Ce courant était plus fort que leur faible autorité. Assurément, la liberté de tout écrire ne s'exerça pas, sous le gouvernement provisoire, au profit des Bonaparte; car, si nous ne nous trompons, on écrivit peu pour eux; mais leur nom était dans le cœur du peuple. Leur retour en France, leur élévation au pouvoir, l'élection du 10 décembre, le rétablissement de l'Empire, sont dus à des causes générales qui tiennent à tout le mouvement politique et social de notre temps, à des causes plus hautes que ces influences passagères soulevées par la publicité d'un jour. Ce n'est pas la liberté absolue, c'est l'opinion souveraine qui a triomphé de tous les petits obstacles, de toutes les petites intrigues suscitées par les partis. L'opinion voyait dans celui qui est aujourd'hui l'Empereur le représentant de l'ordre, et c'est en réagissant contre les excès de la liberté absolue qu'elle l'a élevé au-dessus de la République elle-même; car il n'y a plus moyen d'en douter, l'Empire était écrit dans les six millions de voix qui appelèrent le prince Louis-Napoléon à gouverner la France.

Tout cela n'est que de l'histoire. Rentrons dans les faits actuels. Aujourd'hui, la France est calme et satisfaite. Trois fois en dix ans : le 10 décembre 1848, le 20 décembre 1851, et le 20 novembre 1852, elle a manifesté sa volonté avec un élan presque unanime.

L'Empire est sorti de cette triple épreuve. L'Empire représente donc la plus incontestable légitimité qui soit au monde. A quoi servirait aujourd'hui la liberté absolue? A tout remettre en question, le gouvernement, la constitution, la société, la famille, le travail, la propriété, Dieu lui-même! Pourquoi livrer à la discussion ces principes indiscutables? Dans quel but, dans quel intérêt jeter ces vérités absolues en pâture à la folie ou à la perversité de quelques novateurs qui prennent leur audace pour du génie, et qui, pour faire un peu de bruit, n'hésitent jamais à faire beaucoup de mal? Évidemment, ce serait insensé.

La liberté n'est pas au-dessus de la société. C'est la société qui est au-dessus de la liberté. L'exercice de la liberté est donc nécessairement soumis à l'intérêt de l'ordre social. C'est cet intérêt supérieur qui détermine l'étendue de son droit, qui le règle, qui le limite, et c'est pour cela que la liberté légale est la seule qui convienne à un État civilisé.

La liberté absolue est de droit naturel; la liberté légale est de droit social. L'une est à l'autre ce que l'état de nature est à l'état de civilisation.

La liberté légale n'est autre chose que la garantie de tous les droits dont la loi est l'expression. Je me sers de la liberté que me donne la loi pour défendre tout ce qu'elle reconnaît, tout ce qu'elle consacre. Elle est l'arme pacifique des opinions et des intérêts contre toutes les atteintes qui pourraient les menacer. La liberté légale est donc la seule qui puisse intervenir entre un peuple libre et un gouvernement légitime.

Il n'y a pas un pays au monde, si ce n'est l'Amérique, où la liberté absolue, telle que la demande M. de Girardin, soit en vigueur. En Angleterre, en Belgique, en Piémont, le droit de discussion est assurément très étendu; mais il est limité cependant. Dans aucun de ces pays il ne serait permis d'attaquer la Constitution et les principes fondamentaux de l'ordre social. Il n'y a pas un Anglais, dans les Trois-Royaumes unis, pour lequel le respect de la royauté ne soit le premier devoir de patriotisme. Il y a des partis politiques en Angleterre; il n'y a pas de factions. Quant à l'Amérique, il n'y a aucune assimilation possible, grâce à Dieu, entre la société française et cette démocratie, où le droit individuel domine complétement le droit social, où la liberté de tout dire touche de si près à la liberté de tout oser, avec la sanction suprême du révolver. Nous comprenons que M. de Girardin invoque Franklin pour aïeul. Mais nous ne pensons pas qu'il revendique les Américains pour frères aînés.

Maintenant, est-il vrai que la liberté légale soit incompatible avec le suffrage universel? Est-il vrai qu'elle soit un péril pour l'Empire et une arme pour les partis dynastiques? L'argumentation de notre contradicteur n'est pas plus solide sur ce point que sur les autres. C'est précisément sous le régime du suffrage universel que la liberté légale est plus incontestable dans ses origines et plus efficace dans son action; plus incontestable, parce que la loi qui la règle est l'expression de la volonté générale, dans sa plus large acception; plus efficace, car dès que tous les droits et tous les intérêts sont représentés, les partis sont privés de la force qui les rendait redoutables; ils ne représentent plus que des passions qui les rendent odieux, et leur audace est nécessairement paralysée par leur impuissance.

C'est donc surtout sous l'Empire que la liberté légale peut vivre, se développer, se constituer dans nos mœurs et dans nos institutions. M. de Girardin reconnaît qu'elle existe en principe, et il en donne pour preuve la polémique même engagée dans ce journal. Nous avons toujours pensé, et nous le prouvons peut-être, que la presse était moins opprimée qu'elle ne le disait, et qu'elle pouvait encore exercer un contrôle sérieux et donner de bons avis. Elle n'a perdu définitivement que le privilége d'être dangereuse ; mais il dépend d'elle, peut-être, de conquérir le droit de se rendre utile sans être ni factieuse ni servile.

Nous croyons que le jour n'est pas éloigné où la liberté légale aura peut-être plus d'initiative et d'action dans le gouvernement actuel. Ce jour-là, selon nous, l'Empire sera complétement dans la logique et dans la vérité de son principe, et il aura acquis une force nouvelle.

Aucun parti ne doit être plus libéral que l'Empire ; aucun prétendant dynastique ne doit avoir le droit de promettre une liberté possible et pratique que la dynastie napoléonienne ne soit en mesure de donner.

Quelle est l'espérance secrète des anciens partis ? Ils espèrent qu'à un jour quelconque le pays verra en eux les représentants de la liberté. Quelle est leur tactique? C'est d'attribuer au gouvernement impérial le caractère d'une dictature. Ils se disent alors, que le lendemain d'une dictature leur appartient, car, l'histoire l'enseigne, le lendemain d'une dictature est toujours à ceux qui promettent la liberté.

Il faut leur enlever cette espérance. Il faut que l'illusion qu'ils entretiennent soit dissipée. L'Empire, appuyé sur l'autorité et la liberté, n'a rien à craindre de l'avenir, car avec ce double appui il ne sera pas seulement le gouvernement de la puissance et de la sagesse d'un homme, il sera une institution.

Que M. de Girardin nous aide donc à assurer de

plus en plus ce caractère à l'Empire ; qu'il ne craigne pas de donner l'exemple d'un homme de bonne foi et de bon sens, qui sacrifie l'orgueil de ses théories aux intérêts pratiques du gouvernement et du pays, et aux seules applications possibles des vérités qu'il défend. M. de Girardin est libéral : qu'il ne compromette pas la liberté, qu'il ne l'ajourne pas à un avenir inconnu, en l'exagérant jusqu'à l'impossible ; il a dans les souvenirs de sa vie politique des règles et des impulsions que nous regretterions sincèrement de le voir abdiquer. A une époque où la monarchie constitutionnelle oscillait déjà entre les partis dont les ambitions et les luttes devaient la perdre, il avait entrepris de lui rendre son aplomb, en inaugurant la politique de conservation progressive. Conservation et progrès, autorité et liberté, ce sont aujourd'hui, comme autrefois, les véritables conditions du pouvoir en France. C'est pour les avoir méconnues, dans leur organisation comme dans leur marche, que de grands gouvernements, servis par des hommes d'État d'un incontestable talent, sont tombés. L'Empire profitera de cette expérience. Fort de la volonté nationale qu'il représente, de l'unité politique qu'il a constituée, il sera le gouvernement tutélaire et libéral d'un peuple libre, et c'est ainsi, mais seulement ainsi, que se trouvera confirmée cette parole si juste de M. de Girardin :

« L'Empire ne peut pas plus renier la liberté que la » gloire ! »

IV.

DEUXIÈME RÉPONSE DE M. DE GIRARDIN.

Le débat est engagé entre nous ; il doit se vider. Entre deux contradicteurs sincères qui se recherchent et qui ne s'éludent pas, il n'y a point à craindre qu'il se prolonge abusivement. Cette seconde réponse sera la dernière.

Mais, afin que la discussion fasse un pas qui la tire de l'ornière, ce que je dois d'abord prouver, c'est que vous portez au compte de la liberté indivisible ce qui doit être porté au compte du pouvoir divisé. Or, il est universellement accepté qu'erreur ne fait pas compte.

Pour que vous eussiez raison et que j'eusse tort, il faudrait que le règne du roi Louis-Philippe, sans remonter plus haut, n'existât pas dans l'histoire. Oui ou non, ce règne a-t-il duré du 9 août 1830 au 24 février 1848 ? Oui ou non, ce règne fut-il celui de la liberté légale ? Si vous persistez à vouloir porter au compte de la liberté absolue les sanglantes journées de juin 1848, alors soyez conséquent, portez donc au compte de la liberté légale les journées de juin 1832, ensanglantant la rue Saint-Merry et aboutissant à l'état de siége ; les journées d'avril 1834, ensanglantant à Lyon le faubourg de Vaise, et à Paris la rue Transnonain ; les journées de mai 1839, ensanglantant encore une fois Paris ; enfin, les journées des 23 et 24 février 1848, se terminant par la fuite du roi Louis-Philippe, comme les journées de juillet 1830 s'étaient terminées par le départ du roi Charles X. Si j'ouvre l'histoire de France, je vois que la liberté légale a enfanté trois révolutions :

la révolution de 1789, la révolution de 1830, la révolution de 1848; je ne vois pas qu'il y en ait une seule qui soit née de la liberté absolue. Il vous plaît de dire que « la liberté absolue n'a été qu'une banqueroutière, » qu'elle a trahi la société et perdu la République. » Est-ce que j'aurais perdu la mémoire et la raison? Est-ce que, du 20 décembre 1848 au 20 novembre 1852, ce serait la liberté absolue qui l'aurait emporté sur la liberté légale? Est-ce que les lois des 27 juillet 1849, 16 juillet 1850, 31 décembre 1851, 17 février 1852 régissant la liberté de la presse; des 19 juin 1849, 6 juin 1850, 21 juin 1851 réglant d'abord et finissant par supprimer le droit de réunion; des 11 janvier et et 15 mars 1850, 31 mars 1851 réglementant la liberté d'enseignement, n'auraient existé que dans mon imagination en délire? Vous comprendrez que je glisse rapidement sur cette question, où un immense avantage est de votre côté, car vous pouvez dire toute votre pensée, et c'est à peine si je puis laisser percer un mot de la mienne. Il vous plaît encore d'ajouter que c'est la liberté absolue qui m'a jeté en prison le 25 juin 1848. Est-ce la liberté absolue qui m'a banni de France le 9 juin 1852? Si je n'avais rien fait en juin 1848 qui justifiât l'emprisonnement, qu'avais-je fait en janvier 1852 qui méritât l'exil? Ces deux méprises, qui, l'une et l'autre, m'ont également laissé sans rancune, se balancent; n'en parlons plus. Voulons-nous faire marcher la question? Élevons-la au-dessus de ces considérations personnelles et de ces incidents politiques.

Je reconnais avec vous que le 10 décembre 1848, c'est l'opinion souveraine qui s'est fait jour; mais, pour que l'élan populaire fût plus fort que l'appareil de la centralisation administrative mis en mouvement dans l'intérêt de la candidature du chef du pouvoir exécutif par tous les préfets, sous-préfets et maires de cette époque, encore a-t-il fallu que cette élection eût légalement lieu. Or, elle eût été bel et bien escamotée si la liberté de la presse, appuyée du droit d'enquête, n'avait fait la lumière sur les ténébreuses menées de la dictature du 25 juin avec assez d'éclat pour empêcher, le 7 octobre 1848, l'amendement Leblond (1) d'être adopté, et le système de la nomination du président de la République par la majorité de l'Assemblée nationale de prévaloir sur le système opposé de l'élection directe par l'universalité des électeurs. C'est encore là un fait On peut l'oublier, mais non le supprimer.

La vérité des faits ainsi rétablie par le témoignage du *Moniteur*, la question de principe se dégage de ce qui risquait de l'altérer; elle est ramenée à ses termes philosophiques, les seuls qui nous laissent dans cette controverse une égale liberté.

Vous avez défini la liberté légale : « Le point marqué par la conscience et la raison du législateur. » J'ai défini la liberté absolue : « La liberté *naturellement* limitée, par opposition à la liberté *légalement* limitée (2). » Vous êtes trop éclairé pour

---

(1) « Le président de la République est nommé par l'Assemblée nationale au scrutin secret et à la majorité absolue des suffrages. » — AMENDEMENT LEBLOND. *Moniteur*, 8 octobre 1848.

« M. SENARD, ministre de l'intérieur : Les circonstances dans lesquelles le pays se trouvait, au moment où la discussion allait s'engager devant l'Assemblée, nous firent examiner dans le conseil s'il n'y avait pas des raisons politiques suffisantes, soit pour abandonner d'une manière absolue le principe du suffrage universel appliqué à l'élection du président de la République, soit pour admettre, par transaction, un expédient relatif à sa première nomination. Un examen approfondi nous amena à adopter et à soutenir le système de l'élection par l'Assemblée nationale. » *Moniteur*, 18 octobre 1848.

(2) QUESTIONS DE MON TEMPS, tome VIII, page 310, *la Liberté contenue et le pouvoir divisé*, 4 novembre 1852.

être dupe d'un mot. Si absolue que vous vous efforciez d'imaginer la liberté, elle sera toujours étroitement limitée. Le gouvernement impérial fît-il ce que vient de faire le Grand-Conseil de Berne, abrogeât-il toutes les lois contre la presse, en rangeât-il les crimes et les délits au nombre des délits et des crimes imaginaires, tels que ceux d'hérésie et de sortilége, autrefois punis de mort et maintenant impunis, qu'il ne s'imprimerait rien de plus « *absolu* » que ce qui est imprimé, relié et rangé dans votre bibliothèque et dans la mienne. Tout ce qu'on pourrait penser, tout ce qu'on pourrait dire, tout ce qu'on pourrait écrire contre la religion, la famille, la propriété, a été pensé, dit, écrit. Où la loi croit encore frapper le téméraire, elle ne frappe plus que le plagiaire. Si elle était conséquente, si elle pouvait l'être, elle ne s'arrêterait pas aux vivants, elle exhumerait les morts pour les condamner dans leurs œuvres, car, si le délit se prescrit, le péril ne se prescrit pas. En épargnant ainsi les morts et en frappant les vivants, en épargnant ceux qui lisent et en frappant ceux qui écrivent, la loi se condamne elle-même ; la liberté légale, n'osant reculer, se range pour laisser passer la liberté absolue. Pourquoi donc des lois contre la parole et contre la presse? A quoi ont servi les lois de septembre 1835, qui punissaient de mort l'offense au roi et l'attaque contre le principe et la forme de gouvernement établis par la Charte de 1830? Ont-elles empêché la chute du roi Louis-Philippe?

Vous me demandez « à quoi servirait aujourd'hui la » liberté que je revendique? » Je vous réponds : elle servirait : premièrement, à empêcher qu'on ne la promette, et ce qu'on promet agit toujours plus activement sur l'imagination que ce qu'on donne; deuxièmement, à prouver que l'Empire, « représentant la plus incontestable légitimité qui soit au monde, » n'a rien à redouter de l'examen et de la discussion ; troisièmement, à l'asseoir plus inébranlablement encore sur sa base, en donnant à la centralisation le contrepoids sans lequel les meilleures intentions du chef de l'État, et même de ses ministres, ne tardent pas à être paralysées et souvent dénaturées par l'indolence, l'ignorance ou la résistance des innombrables agents rayonnant du centre à la circonférence ; quatrièmement, à exercer une intimidation nécessaire contre la foule d'abus qui excellent à se cacher jusqu'au jour où ils ont miné le pouvoir si profondément que c'est par sa chute qu'ils se révèlent ; cinquièmement, à dégager et alléger la responsabilité sous laquelle ploie tout gouvernement, en raison même de la puissance qu'il s'est attribuée ; sixièmement, à placer le peuple français au rang des peuples les plus libres, satisfaction à laquelle son légitime orgueil, en contact avec l'Angleterre, la Belgique, le Piémont et la Suisse, n'aspire pas moins vivement qu'à celle qu'il a obtenue le jour de la prise de Sébastopol ; septièmement, à élever sa politique intérieure à la hauteur de sa politique extérieure ; huitièmement, à ranimer la vie politique qui s'éteint, et refortifier notre esprit qui s'étiole ; neuvièmement, à ,écraser les révolutions dans leur œuf en accélérant les solutions qui s'ajournent ; dixièmement, et enfin à faire entendre au pouvoir la vérité, qu'il n'a que ce moyen de connaître avec certitude. La liberté montre au pouvoir ce qu'il ne saurait voir sans elle ; c'est donc à lui qu'elle profite. Elle en est les yeux et les oreilles. Comment donc et par suite de quelle méprise ou de quelle routine la traite-t-il en ennemie, au lieu de la prendre pour conseillère ? Comment ne cherche-t-il qu'à la restreindre, au lieu de ne penser qu'à l'étendre? C'est ce que je n'ai jamais compris; c'est ce que je comprends moins que jamais.

La loi de tous les progrès, depuis Galilée, Bacon et Newton, c'est l'expérience.

L'expérience de la liberté de tous parallèlement au pouvoir d'un seul n'a pas encore été tentée; pourquoi ne pas l'essayer? Encore une fois, où serait l'inconvénient, où serait le péril? Qu'aurait-on à craindre? Le chef de l'État ne serait-il pas là avec sa vigilance et son courage, son armée et ses canons? De deux choses l'une : ou la liberté aurait les dangers que vous lui attribuez, ou elle aurait les avantages que je lui reconnais. Dans le premier cas, ce serait une épreuve accomplie. Dans le second cas, ce serait une question vidée. Ne me dites pas qu'elle a été vidée en 1848. Le lendemain d'une révolution faite au nom de la liberté, ce n'est pas la liberté qui règne, c'est la révolution qui gouverne; et comment gouverne-t-elle? On l'a vue à l'œuvre. Le passé répond : la révolution gouverne en consignant à sa porte les idées, pour ne laisser entrer et parler que les passions, en subordonnant les principes aux expédients, en accouplant des rivaux dont le premier acte est d'organiser entre eux la défiance mutuelle et la dissension intestine. Tel gouvernement, tel peuple. Si le gouvernement est partagé, le peuple le sera. Si la désunion est en haut, l'insurrection sera en bas, et, pour peu que l'unité tarde à se faire au sommet, bientôt la désunion sera la proscription, bientôt l'insurrection intermittente sera la révolution permanente. Du 24 février au 24 juin 1848, la preuve que les agitations de la rue ne furent que les vibrations du Conseil des Neuf, plus tard le Conseil des Cinq, c'est que, du 25 juin au 20 décembre 1848, le calme, sur aucun point de la France, ne fut troublé même par l'émotion de l'élection nationale qui conviait tous les partis à la lutte de la présidence et les armait tous de bulletins, au nombre de dix millions. Mais que parlé-je donc d'expériences à tenter! L'expérience, rappelez-vous-le, a été faite, et elle a réussi, dans les circonstances les moins favorables. Pendant quatre mois, du 20 octobre au 20 décembre 1848, grâce à l'unité de pouvoir, quoique ce pouvoir, aux mains d'un chef intérimaire, fût essentiellement précaire, à terme fixe et à échéance prochaine, la plus entière liberté de discussion et de réunion, d'affichage et de colportage, a pu s'exercer sans que l'ordre le plus parfait en ressentît la plus légère atteinte, même sur un seul point. Qui peut le plus peut le moins. Français, ne nous rapetissons pas et cessons de nous calomnier! Quelle perturbation la même liberté de discussion et de réunion pourrait-elle jeter parmi nous, les temps étant incomparablement plus propices, les partis étant incontestablement plus faibles, le pouvoir étant plus fortement concentré, plus solidement assis, ayant à sa base l'élection représentée par sept millions de suffrages, et à son sommet l'hérédité incarnée dans un fils? Si la liberté et le pouvoir sont deux forces qui doivent s'équilibrer, quel pays plus que la France a droit à une liberté plus entière?

Vous dites : « La liberté n'est pas au dessus de la so-» ciété ; c'est la société qui est au dessus de la liberté. » Si vos paroles étaient vraies, ce qu'elles ne sont heureusement pas, elles seraient la justification du passé et du présent les plus injustifiables ; elles seraient la justification de l'esclavage dans l'antiquité, de l'esclavage aux États-Unis, en Asie, en Afrique, du servage en Russie, de l'extermination des hérétiques en France jusques à la mort de Louis XIV, de l'inégalité de la justice jusques à la nuit du 4 août 1789.

Je conclus.

Bien que je ne demande rien qui n'ait eu l'expérience pour caution et qui ne puisse invoquer pour garantie le témoignage imprimé de l'empereur lui-même, si je demande trop, ainsi que le *Siècle*, d'accord avec la *Patrie*, le prétend, je me contenterai de moins, je me contenterai de ce que vous réussirez à obtenir, tout en persistant dans ma conviction qu'il serait plus prudent, quoique cela parût plus hardi, conséquemment qu'il serait plus habile de rendre toute la liberté de discussion et de réunion, que d'en retenir une partie. Parfaitement désintéressée est cette conviction que j'exprime. Personnellement, la liberté actuelle me suffit pleinement, car, convenez-en, j'aurais plus à perdre qu'à gagner à ce que des voix plus vibrantes pussent venir couvrir la mienne sous le bruit de la leur. C'est donc uniquement afin que ce cri ne soit jamais poussé : *L'Empire* ou *la liberté*, que je souhaite de voir : *L'Empire* ET *la liberté*.

V.

DERNIER MOT A M. DE GIRARDIN.

La polémique engagée entre M. de Girardin et la *Patrie* sur la question de Liberté est épuisée. La prolonger davantage serait nous exposer à tomber dans des redites également indignes de notre sujet et de de notre contradicteur.

M. de Girardin et nous avons discuté sans nous convaincre; c'est ordinairement ce qui arrive. L'ancien rédacteur en chef de la *Presse* reste le défenseur énergique de la liberté absolue; nous restons, nous, le partisan convaincu de la liberté légale.

Toutefois, notre habile contradicteur fait un aveu dont nous devons prendre acte, c'est que la liberté légale, même la liberté actuelle lui suffit complétement. Il ajoute : « Si je demande trop, ainsi que le *Siècle*, d'accord avec la *Patrie*, le prétend, je me contenterai de moins, je me contenterai de ce que vous réussirez à obtenir. »

Si la liberté légale, même la liberté actuelle, suffit à M. de Girardin, c'est qu'il reconnaît qu'elle suffit à la libre manifestation de toutes les idées utiles, et au libre exercice de tous les contrôles loyaux et sérieux. Il ne pouvait donner un meilleur argument en faveur de notre thèse. Pourquoi réclame-t-il donc la liberté absolue? Ce n'est pas pour ceux qui, comme lui, acceptent la volonté nationale et répudient les révolutions; c'est pour ceux qui sont à l'état de révolte morale contre la société et le gouvernement, et qui, étant libres de tout écrire et de tout dire, le seraient bientôt de tout oser et de tout faire.

La liberté légale est un instrument d'amélioration et de réforme; a liberté absolue est un levier de révolution.

Avec la première, un progressiste comme M. de Girardin, il le reconnaît lui-même, peut modérer et conseiller le gouvernement, éclairer l'opinion; avec la seconde, un novateur comme Proudhon, un fanatique comme Barbès, peuvent attaquer la société ou soulever les passions.

La liberté de faire le bien est un attribut donné à l'homme par Dieu, attribut consacré par le droit social. La liberté de faire le mal n'est qu'une pervers de la nature. Dieu la condamne, la société l'interdit,

Réduite à ces termes bien simples, la question se dégage de toutes les argumentations. Elle porte en elle-même sa lumière et sa conclusion.

M. de Girardin fait donc preuve de bon sens et de bonne foi en déclarant que, s'il demande trop, il se contentera de moins, il se contentera de ce que nous réussirons à obtenir. Cela veut dire, nous en avons la confiance, qu'il nous y aidera, et nous croyons que ce sera pour lui le meilleur moyen de servir la liberté.

Nous avons cru la servir nous-même par cette discussion, qui ne sera pas complétement stérile. Il y a peut-être quelque mérite à parler aujourd'hui de liberté. Le pays ne la demande pas, nous le reconnaissons. Sa répulsion pour la liberté absolue l'a conduit jusqu'à l'indifférence pour la liberté légale. Mais les crises de la vie des peuples sont comme celles de la vie des hommes. Parce qu'on perd l'appétit, cela ne veut pas dire qu'il ne reviendra jamais. Le plus sage est d'en ménager le retour par d'habiles transitions. Le goût de la liberté reviendra aussi à ce pays, que l'on se garde d'en douter. Afin qu'il ne revienne pas trop vif, il importe de le satisfaire avec prudence et mesure. La bonne politique est celle qui devance l'opinion; et il y a toujours plus d'honneur et d'avantage pour un gouvernement à la devancer qu'à la suivre.

Le dernier mot de M. de Girardin mérite qu'on s'y arrête : « C'est uniquement, dit-il, afin que jamais ce cri ne soit poussé : *L'Empire* ou *la Liberté !* que je souhaite l'*Empire* ET *la Liberté.* »

Le jour où ces deux mots seront confondus, les partis qui comptent sur l'avenir seront déchus de leurs espérances. Il ne leur restera qu'à faire leur soumission complète à un gouvernement consacré par trois épreuves imposantes du suffrage universel, et représentant tout à la fois la Gloire, l'Ordre et la Liberté.

Ce jour-là, l'Empire sera aussi incontesté qu'il nous paraît incontestable. Les partisans de ce régime qui le représentent comme incompatible avec le droit de discussion, sont d'accord avec ses ennemis. Ils méconnaissent sa force. Le principe de l'Empire est indiscutable, oui, sans doute, puisqu'il se confond avec le droit de la souveraineté; mais ses actes ne le sont pas. La discussion serait à ses actes ce que le contrôle est aux métaux précieux. Elle en vérifierait la moralité et la valeur; elle les mettrait au dessus du doute et du soupçon. La vérité y gagnerait ce que la malveillance y perdrait.

Félicitons-nous donc d'avoir pu discuter dans ce journal, avec une complète indépendance, les conditions pratiques de la liberté. Le droit de les discuter autorise presque l'espérance de les voir se développer et se réaliser en France. Cette espérance, nous la puisons surtout dans la sagesse de l'Empereur Napoléon III, qui a inscrit cette belle déclaration au frontispice de la Constitution de 1852 :

« L'empereur Napoléon Ier disait au conseil d'État : *Une Constitution est l'œuvre du temps, on ne saurait y laisser une trop grande voie aux améliorations*. Aussi la Constitution présente n'a-t-elle fixé que ce qu'il était impossible de laisser incertain. Elle n'a pas enfermé dans un cercle infranchissable les destinées d'un grand peuple ; elle a laissé aux changements une assez large voie pour qu'il y ait, dans les grandes crises, d'autres moyens de salut que l'expédient désastreux des révolutions. »

VI.

DERNIER MOT DE M. DE GIRARDIN.

Ce dernier mot devant clore la discussion, ne mettra en avant aucun argument nouveau qui la rouvre.

Vous m'accordez tout ce que je demande ; que puis-je vous demander de plus? Vous m'accordez que « le » jour où ces deux mots : l'*Empire* ET la *Liberté* seront » confondus, les partis qui comptent sur l'avenir seront » déchus de leurs espérances ; que ce jour-là l'Empire » sera aussi incontesté qu'il paraît incontestable. »

Sur quoi différons-nous? Nous différons sur la forme de la mesure. Vous persistez à soutenir malgré l'expérience du passé, malgré l'impuissance de la loi, expérience décisive, impuissance éprouvée, que la liberté peut et doit se mesurer autrement que par elle seule et par elle-même ; prenez garde, car si vous avez raison, le gouvernement a tort. Il a tort, car s'il est vrai, ainsi que vous l'affirmez, que « la liberté » sans licence » puisse exister par la loi, qu'attend-il pour en doter la France? Mais non, il n'a pas tort, car entre lui et la liberté réelle que j'ai revendiquée sous le nom de liberté absolue, il n'y a pas de place pour la liberté idéale que vous rêvez sous le nom de liberté légale.

Ou la liberté sans excès est possible ou elle ne l'est pas. Si elle est possible, qu'on le prouve en nous la donnant! Si elle n'est pas possible, qu'on ne se montre pas plus sévère à l'égard de la liberté qu'à l'égard du pouvoir!

Le pouvoir a-t-il jamais existé sans abus? A quel

titre exigerait-il que la liberté existât sans excès? Pourquoi serait-elle tenue à une perfection dont il serait dispensé ?

Si l'on pouvait avoir les avantages de la liberté sans en avoir les inconvénients (1), je serais de votre avis; mais les uns étant inséparables des autres, je reste du mien, non point parce que j'ai l'esprit absolu, mais au contraire, parce que j'ai l'esprit pratique.

Je sais que je suis seul de mon opinion; mais cet isolement ne prouve pas contre moi. C'est le sort de toute vérité de commencer par être affirmée par un seul et niée par tous.

Je suis le seul qui veuille parallèlement le pouvoir et la liberté, l'un et l'autre également indivisibles.

Ni pouvoir divisé, ni liberté divisée; entière liberté du pouvoir, entier pouvoir de la liberté ! Voilà mon programme (2) et je puis dire qu'il m'appartient, car il n'a rien de commun ni avec le programme de la Monarchie traditionnelle excluant la liberté, ni avec le programme de la Monarchie constitutionnelle divisant le pouvoir, ni avec le programme de la République plus ou moins démocratique subordonnant le pouvoir à la souveraineté.

---

(1) « Le plus difficile n'est pas d'acquérir la liberté, c'est de la conserver; et comment la conserver lorsque ceux qui devraient la défendre l'attaquent sans cesse? Ce n'est plus seulement la force brutale qui commande ou la trahison qui tue, c'est un esprit de doctrine qui détruit tout germe vital. C'est cet esprit qui, peu inquiet de l'honneur de la France, a tout abandonné à la peur d'une anarchie qui n'était pas à craindre ou d'une guerre que nous ne pouvions redouter. *C'est une fausse idée que celle qui sacrifie mille avantages réels pour un inconvénient* ou imaginaire ou de peu d'importance. Elle tendrait donc à priver les hommes du feu parce qu'il incendie et de l'eau parce qu'elle inonde. » — L.-N. BONAPARTE. T. I, p. 69.

(2) Voir tome VIII : *Autorité et Liberté séparées*, p. 239, *Liberté du Pouvoir et pouvoir de la Liberté*, p. 250. *Liberté contenue et Pouvoir divisé*, p. 310.

Que le pouvoir soit un et les excès de la liberté, si absolue qu'on la suppose, ne seront pas à craindre !

Que la liberté soit une et les abus du pouvoir, si absolu qu'on l'imagine, ne seront pas à redouter !

L'expérience, je vous l'ai rappelée, en a été faite du 20 octobre au 20 décembre 1848, dans les circonstances les moins favorables, et cependant elle a pleinement réussi. C'est un fait que vous n'avez pu contester ; il m'est donc acquis.

Oui, personnellement, la liberté actuelle me suffit ; mais pourquoi me suffit-elle ? Je vais vous le dire : c'est que, depuis 1852, je me suis réfugié dans la région des idées, m'élevant, le plus haut que j'ai pu, au-dessus de tous les intérêts et de toutes les passions des partis, cherchant le vrai et ne cherchant que lui. Mais si cette liberté ailée a l'avantage de planer au-dessus des passions, elle a l'inconvénient de planer au-dessus des abus et de les laisser tous subsister. Aussi ne saurait-elle suffire à un grand peuple arrêté à chaque instant dans son essor par l'inertie ou la résistance de la centralisation administrative et de l'esprit bureaucratique. Si je parlais d'un autre pays que la France, à ces deux mots : inertie et résistance, j'en ajouterais un troisième, j'ajouterais : vénalité. La liberté est le correctif nécessaire du pouvoir. Plus il est grand, plus elle doit être grande. S'il est entier, elle doit être entière. L'équilibre entre elle et lui n'existe qu'à cette condition. On peut régner sans la liberté, mais on ne peut plus gouverner qu'avec elle.

Je l'avoue : j'étais né homme de pouvoir, je suis devenu homme de liberté. La raison a éclairé l'instinct comme le travail mûrit la vocation. Je ne suis profondément homme de liberté que parce que je suis essentiellement homme de pouvoir.

C'est surtout comme irresponsabilité du pouvoir que je revendique la plénitude de la liberté.

Quant au mot de « *liberté absolue* » que vous persistez à m'attribuer comme si je l'avais inventé, est-il donc nécessaire que je rappelle encore une fois que si je m'en suis servi par opposition au mot de *liberté arbitraire*, il ne m'appartient pas? Il appartient aux rédacteurs de l'*Univers* qui, le 17 mars 1848, faisaient la déclaration suivante :

« Ils veulent franchement la liberté, une liberté sincère, ABSOLUE en tout et pour tous, la liberté telle qu'elle existe aux États-Unis. »

La liberté n'a pas besoin qu'on la qualifie.

La mauvaise liberté n'est pas plus la liberté que la mauvaise santé n'est la santé.

Ce que je revendique, c'est la liberté, toute la liberté, rien que la liberté.

D'accord avec M. le comte de Montalembert, qui, le 28 février 1848, la revendiquait, lui aussi, en ces termes :

« Nous n'avons pas attendu jusqu'à ce jour pour professer la sainte liberté, pour déclarer la guerre à tous les genres d'oppression et de mensonge..... Ils (les catholiques) descendront donc dans l'arène avec leurs concitoyens pour y *revendiquer* TOUTES LES LIBERTÉS POLITIQUES ET SOCIALES qui seront désormais le patrimoine imprescriptible de la France. »

Ajoutant, le 3 avril 1848 :

« Dans l'ordre politique, je n'ai eu qu'un seul drapeau, LA LIBERTÉ EN TOUT ET POUR TOUS. »

D'accord avec M. de Vatimesnil, qui, le 30 mars 1848, s'exprimait ainsi :

« Que les Français y prennent garde! TOUTES *les libertés et les libertés de* TOUS sont solidaires. On ne saurait toucher au droit d'un seul individu sans que ceux de la nation entière soient menacés... Liberté, noble mot qui deviendrait une amère dérision s'il ne signifiait pas TOUTES *les libertés* SANS EXCEPTION. »

D'accord avec M. le cardinal de Bonald, archevêque de Lyon, qui, moins sévère que vous pour les Etats-Unis, la sanctifiait, le 19 février 1848, en ces termes :

« Vous formiez souvent le vœu de jouir de cette *liberté* qui rend nos frères des Etats-Unis si heureux; cette *liberté*, vous l'aurez! »

D'accord avec M. le vicomte de Falloux, qui, le 20 septembre 1848, la présentait ainsi :

« Quand je suis entré dans cette enceinte, lorsque j'ai été revêtu du titre si difficile à porter de représentant du peuple, j'ai pensé que j'aurais à envisager beaucoup de problèmes, et je me suis dit que, à chacun de ces problèmes, je ne chercherais pas d'autre *solution* que la *Liberté*. »

D'accord avec l'empereur Napoléon Ier dictant au général Bertrand ces paroles adressées au roi Joseph :

« Dites à mon fils qu'il se rappelle avant tout qu'il est Français, qu'il donne à la nation autant de liberté que je lui ai donné d'égalité (1). »

D'accord avec le frère de l'empereur, le roi Joseph, écrivant le 20 octobre 1832 à M. le vicomte de Cormenin :

« Nulle lumière persévérante, égale, éclairant tous les recoins d'un vaste empire, sans *la liberté* ABSOLUE, SANS LIMITE *de la presse*..... *La liberte* ABSOLUE *de la presse* est le seul souffle qui puisse répandre partout la vraie lumière de l'esprit; ce ne sera que lorsque son empire sera étendu en France comme en Amérique que vous pourrez être logiques et justes *impunément;* ce ne sera qu'alors qu'on pourra dire : Vertu, bonheur public, vous n'êtes pas des chimères! »

Se portant, en ces termes, garant des intentions de l'empereur son frère :

« La trop longue dictature de Napoléon l'a fait méconnaître; mais elle fut prolongée par l'obstination des ennemis de la révolution, qui prétendirent détruire en lui le principe de la souveraineté nationale dont il émanait. A la paix générale, le suf-

(1) OEUVRES DE L.-N. BONAPARTE. T. II, p. 337.

frage universel, la liberté de la presse et toutes les garanties de l'éternelle prospérité d'une grande nation qui étaient dans la pensée de Napoléon l'eussent dévoilé tout entier à la France et en eussent fait le plus grand homme de l'histoire. Sa pensée tout entière m'a été connue, mon devoir est de la proclamer hautement (1). »

« Je suis convaincu que Napoléon voulait laisser une monarchie constitutionnelle sur les bases de la représentation nationale, celle de l'égalité et de la liberté.

» Un homme d'autant de génie ne pouvait vouloir que ce qui était convenable au peuple français, et, s'il vivait aujourd'hui, il rendrait la France aussi heureuse par ses institutions que l'heureux pays que j'habite (les Etats-Unis), qui prouve que les institutions libérales rendent les peuples heureux et sages. Le Code Napoléon dépose en faveur des intentions libérales de son auteur.

» Napoléon avait pris les mots pour détruire les choses; il me disait souvent : *Il me faut encore dix ans pour donner une entière liberté.* Il était élève de Platon et des philosophes, et cependant il me répétait souvent : Je ne fais pas ce que je veux, mais ce que je peux; les Anglais me forcent à vivre au jour le jour. Il lui a manqué dix ans de paix générale (2). »

D'accord avec l'empereur Napoléon III écrivant ces admirables lignes, qui font de la liberté une religion :

« La liberté suivra la même marche que la religion chrétienne. Arme de mort pour la vieille société payenne, le christianisme a excité pendant longtemps la crainte et la haine des peuples; puis, à force de martyrs et de persécutions, la religion du Christ a pénétré dans les esprits et dans les consciences; bientôt elle eut à ses ordres des armées et des rois; Constantin et Charlemagne la promenèrent triomphante en Europe. Alors la religion déposa ses armes de guerre; elle dévoila à tous les yeux les principes d'ordre et de paix qu'elle renfermait, et devint l'élément organisateur des sociétés, l'appui même du pouvoir. Il en sera ainsi de la liberté (3). »

Précisant ainsi sa pensée :

« La liberté est un vain mot si l'on ne peut exprimer librement par écrit ses pensées et ses opinions (4). »

---

(1) *Lettre à la Chambre des Députés.* 1830.

(2) MÉMOIRES DU ROI JOSEPH.

(3) T. I, p. 197.

(4) T. I, p. 124.

« En Angleterre, la plupart des questions importantes, avant d'être portées au Parlement, ont été approfondies et discutées dans une foule de réunions publiques ou privées qui sont comme autant de rouages qui épluchent, broient et pétrissent la matière politique avant qu'elle ne passe sous le grand laminoir parlementaire. »

» Le droit d'association est la base fondamentale d'un gouvernement représentatif (1). »

« Ne devons-nous pas rougir en songeant que même l'Irlande, la malheureuse Irlande, jouit, sous certains rapports, d'une plus grande liberté que la France de juillet? Ici, par exemple, vingt personnes ne peuvent se réunir sans l'autorisation de la police, tandis que, dans la patrie d'O'Connell, des milliers d'hommes se rassemblent, discutent leurs intérêts, menacent les fondements de l'empire britannique, sans qu'un ministre ose violer la loi qui protége, en Angleterre, le droit d'association. Répétons-le donc en terminant, la France n'est point constituée selon ses mœurs, ses intérêts, ses besoins; ni le pouvoir ni la liberté ne sont solidement constitués (2). »

Si je suis resté seul à revendiquer la liberté, toute la liberté, rien que la liberté, liberté de discussion et liberté de réunion, dois-je en rougir comme d'une faute? Serait-ce un tort que de rester fidèle à sa cause et d'opposer à la déroute l'immobilité du drapeau? Que le soldat intrépide qui périt plutôt que de l'abandonner n'ait donc aussi pour épitaphe que cette épithète : ABSOLU !

Vous terminez par une citation de l'empereur Napoléon Ier, je terminerai également par une dernière citation de l'empereur Napoléon III :

« Ce qui distingue les grands hommes, ce qui enflamme leur ambition, ce qui les rend ABSOLUS dans leurs volontés, c'est l'amour de la vérité qu'eux seuls croient connaître (3). »

Ce sera mon dernier mot.

---

(1) T. III, p. 94.
(2) T. III, p. 133.
(3) T. III, p. 14.

LA QUESTION RAPPELÉE.

INTRODUCTION

AUX *QUESTIONS DE MON TEMPS.*

1er novembre 1858.

Un incident a donné naissance à cette publication.

Cet incident, c'est la suspension du journal la *Presse,* prononcée le 4 décembre 1857, suspension privant, pendant deux mois, de travail, conséquemment de salaire, les vaillants compositeurs qui m'avaient été si longtemps dévoués et auxquels je n'avais cessé de rester cordialement attaché, quoique la direction de la *Presse* ne m'appartînt plus depuis le 27 novembre 1856. Pendant deux mois, qu'allaient-ils faire? A quoi occuper cet atelier formé avec tant de soin et si habilement conduit? L'idée me vint alors tout naturellement de réimprimer les articles, d'abord fort rares, de 1836 à 1846, ensuite plus abondants, trop abondants peut-être, de 1846 à 1856, que j'avais fait paraître dans la *Presse.* Le jour même je me mettais à l'œuvre en toute hâte; le lendemain les compositeurs de mon ancien atelier étaient à leurs casses ; ils avaient

« de la copie » devant elles. En agissant ainsi, je ne faisais qu'user de réciprocité, car je ne pouvais oublier, je n'oublierai jamais que les travailleurs de la *Presse* ont fait graver par Borel et frapper, en 1849, une très belle médaille où, du côté de l'effigie, sont inscrits ces mots : « A EMILE DE GIRARDIN LES TRAVAILLEURS DE LA PRESSE RECONNAISSANTS. » et au revers, ceux-ci : « LIBERTÉ DE LA PRESSE. — COURAGE CIVIL. — ASSOCIATION DU CAPITAL-TRAVAIL AU CAPITAL-ARGENT. — 5 MARS 1848. » Sans cet incident, exerçant la pression d'une nécessité, jamais peut-être ne me fussé-je décidé à emprunter laborieusement au Passé ce qu'il avait justement enseveli, ce qui lui appartenait comme le cœur qui ne bat plus appartient à la tombe. Pour moi, le Passé est bien le Passé, qu'il s'agisse de tâches accomplies ou de fautes expiées, d'espérances justifiées ou d'illusions évanouies, de révolutions avortées ou de dynasties déchues, de parties gagnées par les uns et perdues par les autres ! Je ne sais ni regarder ni marcher en arrière. Je trouve que c'est à peine si les deux yeux et les deux pieds suffisent à l'homme pour se porter en avant. *Go head,* disent les Américains, mes frères, puisqu'ils sont les fils du bonhomme Franklin. Aussi l'histoire est-elle un livre sur lequel je n'essayerai jamais d'écrire une page ; je ne l'ouvre que pour y vérifier une date, et encore est-ce toujours avec la crainte de me laisser pervertir. L'histoire est fatale à ceux qu'elle retient. Elle les change en pierres.

L'histoire, c'est le passé; or, ce n'est jamais impunément qu'on s'arrête trop longtemps à regarder en arrière. Ce qui est arrivé à la femme de Loth, changée en sel, à M. Guizot, le grand historien, changé en ministre fossile, est là pour l'attester.

Ces articles exhumés que j'ai réunis en volumes sous ce titre : QUESTIONS DE MON TEMPS, de 1836 à 1856, forment un ensemble indivisible. Ils ne doivent pas être jugés séparément. Ils ne s'adressent à aucun parti politique, ni victorieux ni vaincu; ils ne font appel à aucune passion éteinte, attiédie ou ardente; ils n'abritent aucun intérêt; ils ne déguisent ni ne simulent aucune peur; ils ne cachent ni ne déploient aucun drapeau derrière lequel aient jamais marché aucune armée, aucune émeute. Aussi ne comptent-ils que sur un très petit nombre de lecteurs, car ceux que ne rebute point et surtout que n'effraye pas la recherche du Vrai, *Cercando il vero,* tendent à diminuer chaque jour de plus en plus. Le Vrai peut être comparé à une mine explorée depuis si longtemps qu'on n'en saurait plus rien extraire qu'à la condition d'y descendre à d'immenses profondeurs, profondeurs exigeant des visiteurs ou une grande habitude ou une grande intrépidité. Il ne faut donc point s'étonner que la visite du Vrai soit devenue si rare. Les moins peureux sont ceux qui, descendus à moitié de son puits et n'osant descendre plus bas, se hâtent d'en remonter glacés d'épouvante.

Les QUESTIONS DE MON TEMPS forment douze volumes de huit cents pages. C'est beaucoup ; ce serait trop si, m'étant mis à l'œuvre par les raisons que je viens de dire, je n'avais entrepris cette réimpression moins en pensant au public qu'à l'utilité dont elle me serait pour m'abréger certaines recherches et me rendre compte des transitions par lesquelles j'ai passé avant d'atteindre aux convictions qui m'ont valu souvent, en ces derniers temps, l'honneur ou l'injure d'être qualifié « d'esprit absolu, d'esprit aventureux. »

Absolu, moi, quelle erreur ! *Aventureux*, moi, quelle méprise ! Qui, depuis vingt ans, se serait donné la peine de me suivre, la peine de m'observer autrement qu'à la surface, aurait reconnu que si je mérite une accusation, ce serait plutôt celle de n'avoir qu'un esprit timoré. Ce que je suis surtout, c'est un homme de transition. Je puis paraître absolu, je ne le suis pas. Non, je ne le suis pas, car ce n'est qu'après avoir épuisé dans le travail et l'expérimentation du cabinet toutes les transitions, amoncelant l'une sur l'autre, abandonnant l'une après l'autre, que j'arrive lentement à la dernière, dernière que nul ne serait tenté de trouver ni absolue ni prématurée, s'il s'était livré aux mêmes recherches successives, aux mêmes études comparées. Je n'arrive à la synthèse, à grand'peine, que par l'analyse. Les ailes du génie ne m'ont point été données. Je ne plane pas ; je monte, mais comme monte chacun, un pied devant l'autre et degré par degré. Vous qui m'accusez, ce n'est donc pas moi que vous accusez : c'est le travail.

Livrez-vous aux mêmes études, et vous arriverez aux mêmes conclusions. Si vous êtes passionné ou mieux doué, peut-être irez-vous au-delà, certainement vous ne resterez pas en deçà. Cet aveu n'est point, je le sais, à la louange des facultés déposées dans mon berceau, mais n'est pas non plus à leur détriment. Je n'ai ni l'orgueil de l'humilité ni l'humilité de l'orgueil, que je place au même rang et dont je fais même cas : aucun. Est-ce qu'une égale impuissance ne les caractérise pas ? Est-ce qu'il est plus au pouvoir de l'orgueil de grandir l'homme qu'au pouvoir de l'humilité de le rapetisser ? D'esprit, comme de corps, il a la taille qu'il a. Qu'il se surfasse ou qu'il se décrie, qu'il se trompe en plus ou qu'il se trompe en moins, sa taille est restée après ce qu'elle était avant. Il n'y a ajouté ni retranché l'épaisseur d'un cheveu. Est-ce vrai? Si j'avoue, en toute franchise, que j'ai plutôt un esprit timoré qu'un esprit aventureux, si j'avoue que je ne suis qu'un homme de transition, c'est, d'abord, qu'il est un besoin que j'éprouve, qu'il s'agisse de moi ou de tout autre, c'est le besoin de rectifier toute erreur que je rencontre au travers de ma plume ; c'est, ensuite, que je ne puis expliquer qu'ainsi comment il m'a fallu écrire tant de mots, tant de phrases, tant de lignes, tant de pages, quand douze pages me suffiraient maintenant pour contenir tout ce qui est contenu en ces douze volumes. Je les compare à ces piliers de terre, nommés *témoins*, que le pionnier laisse après lui, d'espace en espace, pour servir à mesurer les cubes du déblai opéré par ses bras à la sueur de son front.

Qui aura la patience de parcourir ces douze volumes, ces huit mille pages, fruit de vingt années de journalisme, fruit de vingt années de méditations aiguillonnées par la controverse, verra que la liberté fut constamment et exclusivement mon but sous la Monarchie, sous la République, sous l'Empire; verra quelles furent en tout temps, à mes yeux, les questions principales et les questions accessoires, la proie et l'ombre; verra comment se sont formées mes convictions; comment du relatif j'ai marché vers l'absolu; verra d'où je suis parti pour atteindre où je suis arrivé, quels détours j'ai suivis, quel temps j'ai mis à parcourir le chemin et parfois à le tracer, quels jalons j'ai plantés, contre quelles pierres j'ai heurté, dans quelles ornières j'ai glissé, quels abîmes j'ai côtoyés, quels obstacles j'ai rencontrés, éludés ou franchis, quelles lueurs m'ont égaré ou guidé, quelles brumes m'ont surpris et enveloppé, quels froids m'ont glacé, quelles illusions m'ont réchauffé, quelles hésitations m'ont arrêté, quelles espérances m'ont soutenu, quelles déceptions m'ont attendu, dans quelles erreurs, dans quelles méprises, dans quelles contradictions je suis tombé, enfin de quelles défaillances et sous le poids de quelles lassitudes j'ai dû, plus d'une fois, me relever.

Où suis-je arrivé?

D'où suis-je parti?

Conservateur constamment progressiste, progressiste constamment conservateur ; appartenant à la Monarchie par mes goûts et mes relations, rallié à la République par mes idées et mes études ; fermement anti-révolutionnaire, en ce sens que la plus grande réforme à opérer ne m'eût coûté ni ne me coûterait, pour prévenir de si loin que ce fût la plus petite révolution, mais nullement contre-révolutionnaire, en ce sens que le lendemain d'une révolution, coup de Peuple ou coup d'État, je ne nourris contre elle aucune arrière-pensée, ne garde aucune rancune, ne ressens ni ne sème aucune frayeur, n'éveille aucune défiance, n'ai qu'un désir, ne forme qu'un vœu : qu'elle se justifie par ses conséquences, qu'elle se glorifie par ses œuvres ; partisan déclaré des réformes, jamais prématurées, autant qu'adversaire résolu des concessions, toujours tardives, je suis parti du point où Turgot, mon maître, était arrivé. Français, n'étant pas Turgot, je suis turgotin, comme Anglais, n'étant pas Peel, je serais peeliste. Avant la nuit du 4 août 1789, je place la journée du 24 août 1774 (1), avant Mirabeau le grand tribun, je place Turgot le grand ministre. Donc, en matière de liberté, je suis parti de la liberté octroyée par la Loi ou par le Roi, ce qui, au fond, est même chose, de la liberté réglée, de la liberté réglementée, de la liberté tolérée, enfin

(1) Jour où Turgot fut appelé au ministère des finances, et date de son admirable *Lettre au roi*, dans laquelle il expose ses idées générales. *Compiègne, le* 24 *août* 1774.

« de la liberté sage, de la liberté sans licence, » lieux communs, fausse monnaie dont moi-même je me suis servi souvent, trop souvent avant de les avoir découverts. Appliquée à la presse, la liberté réglementée a produit la révolution de 1830. Appliquée au droit de réunion, la liberté réglementée a produit la révolution de 1848. L'opiniâtre lecteur qui feuilletera ces pages verra comment et par suite de quelles déductions, de quelles études, je suis arrivé à conclure de la liberté concédée à la liberté revendiquée, de la liberté usurpée à la liberté restituée, de la liberté de fait à la liberté de droit, de la liberté factice à la liberté naturelle, de la liberté relative à la liberté absolue, de la liberté mal définie à la liberté indéfinie, de la liberté transitoire à la liberté définitive, de la liberté exceptionnelle à la liberté rationnelle, de la liberté intermittente à la liberté permanente, de la liberté équivoque à la liberté réciproque, de la liberté contestée à la liberté incontestable, de la liberté *légalement* limitée à la liberté *naturellement* limitée, de la liberté morcelée à la liberté une, de la liberté divisée à la liberté indivisible, de la liberté aliénée à la liberté inaliénable, de la liberté différée à la liberté imprescriptible, de la liberté toujours violée à la liberté à jamais inviolable, enfin du pouvoir de la liberté à la liberté du pouvoir, lui aussi également un, par la séparation infranchissable, absolue et non arbitraire, de ce qui est *individuel* par nature et de ce qui est *indivis* par essence.

En matière de pouvoir, je suis parti, sur la foi de Montesquieu, du pouvoir pondéré, c'est-à-dire scindé en pouvoir législatif, pouvoir exécutif et pouvoir judiciaire. Le même lecteur, s'il persiste, verra comment et par suite aussi de quelles déductions et de quelles études je suis arrivé à conclure avec Turgot (1) de cette constitution de l'impuissance à la reconstitution du pouvoir, de cette complication, d'importation britannique, à l'unité, d'origine française ; du pouvoir neutre au pouvoir viril, du pouvoir constitutionnel au pouvoir rationnel, du pouvoir inévitablement abusif, soit héréditaire, soit révolutionnaire, au pouvoir strictement nécessaire, enfin du gouvernement usurpateur de l'homme par l'homme à la simple administration par un, sous le contrôle de tous, de la chose publique.

En matière de souveraineté, je suis parti, sur l'autorité de J.-J. Rousseau, de la souveraineté nationale qu'il déclare inaliénable, quoique toujours et partout aliénée. Le même lecteur, s'il persiste encore, verra comment et par suite de quelles déductions et de quelles études je suis arrivé à conclure de la souveraineté anormale à la souveraineté normale, de la souveraineté numérique, non moins abusive, non moins arbitraire, non moins contestable que la souveraineté monarchique, à la souveraineté individuelle : l'homme n'obéissant qu'à sa raison et ne commandant qu'à

(1) TURGOT, *Lettre au docteur Price*.

la matière, que cette matière se nomme cheval ou bœuf, fer ou bois, eau ou feu, qu'il l'assujettisse ou qu'il la transforme. Je n'admets l'intervention de la majorité que dans les cas prévus qui sont exclusivement et nécessairement de son ressort, et qu'à la condition expresse que la majorité ne puisse jamais empiéter sur ce qui est du domaine de la vérité ou de la liberté, de la raison ou de la science.

En matière d'élection, je suis parti du cens électoral, de la capacité présumée, ayant pour signe distinctif une contribution fixée. Le même lecteur, s'il persiste toujours, verra comment et par suite de quelles recherches et de quelles études je suis arrivé à conclure du privilége au droit commun, du suffrage exceptionnel au suffrage universel, du suffrage universel, mesure d'approximation, au suffrage universel, mesure de précision, du morcellement électoral à l'unité de collége, de l'unité de collége à l'inutilité de Constitution.

En matière de législation, je suis parti du cens d'éligibilité et de lois imposées à l'universalité par la majorité. Le lecteur verra comment et par suite de quelles réflexions, de quelles discussions, je suis arrivé à conclure avec Turgot (1) des lois positives aux

(1) « Comment se fait-il que vous soyez à peu près le premier parmi nos gens de lettres qui ayez donné des notions justes de la liberté, et qui ayez fait sentir la fausseté de cette notion, rebattue par presque tous les écrivains républicains, que *la liberté consiste à n'être soumis qu'aux lois*, comme si un homme opprimé par une loi injuste était libre. Cela ne serait pas même vrai, quand on supposerait que toutes les lois sont l'ouvrage de la nation

lois que, par opposition à celles-ci, Montesquieu a appelé lois naturelles, des lois votées aux lois observées, des lois fabriquées (1) aux lois existant par elles-mêmes, des lois temporaires aux lois éternelles, des lois locales aux lois universelles, des lois mobiles aux lois immuables, ne changeant ni selon les temps, ni selon les lieux, ni selon les hommes, enfin de la servitude légale à la culture humaine, que j'ai nommée *viriculture*.

En matière de pénalité, je suis parti de la justice rendue par des hommes, les uns juges, les autres jurés, assistés de gendarmes, de geôliers et de bourreaux. Le lecteur verra comment et par suite de quels moyens je suis arrivé à conclure, continuant Beccaria, des anciennes peines adoucies aux peines actuelles abolies (2), l'homme étant son bourreau comme

---

assemblée ; car enfin l'individu a aussi ses droits que la nation ne peut lui ôter que par la violence et par un usage illégitime de la force générale. »

TURGOT. (*Lettre au docteur Price.*)

(1) « Une injustice générale a régné dans les lois de tous les peuples. Je vois partout que les idées de ce qu'on a nommé le bien public ont été bornées à un petit nombre d'hommes ; je vois que les législateurs les plus désintéressés pour leurs personnes ne l'ont point été pour leurs concitoyens, pour la société ou pour la classe de la société dont ils faisaient partie ; c'est que l'amour-propre, pour embrasser une sphère plus étendue, n'en est pas moins disposé à l'injustice quand il n'est pas contenu par de grandes lumières ; c'est qu'on a presque toujours mis la vertu à se soumettre aux opinions dans lesquelles on est né. »

TURGOT. (*Discours en Sorbonne.*)

(2) « Dans notre pays, il n'y a pas une seule question simple et légitime, pas un sentiment naturel qui n'ait été l'objet d'une loi pénale, pas un devoir dont une loi n'ait prohibé l'accomplissement, pas une trahison que la loi n'ait salariée, pas un forfait qu'une loi n'ait ordonné. »

BENJAMIN CONSTANT. (*Réflexions sur les Constitutions.*)

il est son juge, comme il est son législateur, comme il est son maître, le crime *commis* ayant pour unique châtiment le crime *constaté*.

En matière d'administration publique, je suis parti de l'inviolabilité royale et de la responsabilité ministérielle sous le régime parlementaire. Le lecteur verra comment et par suite de quelles simplifications je suis arrivé à conclure de cette inviolabilité mensongère et de cette responsabilité illusoire, attestée et par deux révolutions inconséquentes, la révolution de 1830 et la révolution de 1848, et par deux dynasties exilées, à la nécessité d'une réforme qui introduise dans l'atelier gouvernemental le principe de la division du travail, auquel l'atelier industriel doit d'avoir résolu tant de problèmes réputés insolubles, converti tant d'obstacles en moyens, opéré tant d'économies, abrégé tant de lenteurs, accompli tant de perfectionnements, réforme substituant le principe économique au principe hiérarchique, tout en donnant à l'administration publique une puissance d'unité qui lui manque.

En matière d'impôt, je suis parti de l'impôt annuellement voté par deux chambres et obligeant le contribuable. Le lecteur verra comment et par suite de quelle assimilation je suis arrivé à conclure, continuant Vauban et Turgot, de l'impôt déjà réformé à l'impôt enfin transformé, de l'impôt inique à l'impôt unique, de l'impôt d'approximation à l'impôt de précision, de l'impôt forcé à l'impôt volontaire, à l'impôt directement et librement consenti (1) par chaque contribuable, se payant comme chaque assuré paye le montant de sa prime d'assurance, ou comme chaque souscripteur, lorsque s'ouvre directement un emprunt national, s'empresse, pour en avoir une part, d'effectuer son versement. Dans vingt ans, on ne comprendra pas plus l'impôt forcé qu'on ne comprendrait aujourd'hui l'emprunt forcé, autrefois en usage.

En matière de budget, je suis également parti du budget annuellement proposé par le pouvoir exécutif, voté par le pouvoir législatif, et obligeant le contribuable. Le lecteur verra comment et par suite de quelle décomposition des recettes et des dépenses, de quelle distinction entre la dette représentant le passé, l'impôt représentant le présent, l'emprunt représentant l'avenir, je suis arrivé à conclure que le budget pourrait être considérablement réduit sans qu'un seul service utile en souffrît, et rédigé de telle sorte que tout contribuable pût facilement s'en rendre compte, et exercer efficacement son droit personnel de contrôle (2).

---

(1) « Nulle taxe n'est due que si elle a été CONSENTIE ; elle ne peut être levée sans cette condition, *à moins que ce ne soit par tyrannie.* »

Ancienne maxime française.

« C'est encore un principe certain que *les Français ne peuvent être taxés* SANS LEUR CONSENTEMENT, et dans le long oubli des droits du peuple, toutes les fois que l'autorité s'est expliquée sur cet important objet, elle a cependant déclaré que les subsides devaient être un OCTROI LIBRE ET VOLONTAIRE. »

MOUNIER, *Assemblée nationale*, 1790.

(2) « Tout contribuable a donc le droit de savoir ce qu'il doit pour connaître s'il approuve une surcharge et en poursuivre la réparation. »

CORMEILLE, *Assemblée nationale*, 1790.

En matière de dette, je suis parti de la dette se contractant au-dessous du pair, se remboursant au pair, dotée d'un amortissement faussé dans son principe, suspendu dans son action, n'étant ni maintenu ni supprimé. Le lecteur verra comment et par suite de quelle application d'une loi que nul, si puissant qu'on le suppose, ne saurait enfreindre, je suis arrivé à conclure de la condamnation de l'amortissement factice à l'adoption de l'amortissement naturel, la rente devenant alors et d'elle-même le régulateur de l'intérêt dans toutes les transactions, ce qui explique la nécessité de l'unité de rente, car la mesure qui n'est pas une n'aboutit qu'au doute et à la confusion.

En matière de banques, je suis parti des banques de circulation constituées en vertu d'un privilége et constituant un monopole, opérant d'après cette probabilité, cent fois démentie, qu'une réserve métallique de 1 suffit à une émission fiduciaire de 2. Le lecteur verra comment et par suite de quelle définition je suis arrivé à conclure de l'impossibilité de réformer les banques à la nécessité de les transformer, de l'insuffisance démontrée et de l'imperfection reconnue de la monnaie métallique à la fabrication d'une monnaie parfaite et toujours égale au montant de toutes les transactions basées sur ces deux termes : *valeur*, *contre-valeur*.

En matière de propriété, je suis parti de la propriété, passant immédiatement après la religion et la famille, et passible cependant d'expropriation pour cause d'utilité publique, après évaluation par un jury. Le lecteur verra comment et par suite de quelles lois existantes je suis arrivé à conclure de la propriété restreinte à la propriété étendue (1), de la propriété mal définie à la propriété mieux définie, de la propriété spéciale à la propriété universelle, aucune propriété n'ayant l'une plus de droits ni moins de droits que l'autre, qu'elle se nomme propriété foncière, propriété industrielle, propriété littéraire ou propriété artistique.

En matière de préemption, je suis parti de la préemption telle que l'État et les agents de l'administration des douanes l'exercent en vertu de la loi. Le lecteur verra comment et par suite de quelles considérations je suis arrivé à conclure du droit de préemption borné à la marchandise déclarée, au droit de préemption appliqué à toutes les valeurs imposées,

---

(1) « Jadis on ne connaissait qu'une espèce de propriété, celle du terrain ; il en est survenu une nouvelle, celle de l'industrie, aux prises en ce moment avec la première. C'est pourtant pour n'avoir pas voulu reconnaître cette grande révolution dans la propriété, pour s'obstiner à fermer les yeux sur de telles vérités, qu'on fait tant de sottises aujourd'hui et que l'on s'expose à tant de bouleversements. Le monde a éprouvé un grand déplacement, et il cherche à se rasseoir; voilà en deux mots toute la clé de l'agitation universelle qui nous tourmente. On a désarrimé le vaisseau, transporté du lest de l'avant à l'arrière, et de là ces furieuses oscillations qui peuvent amener le naufrage à la première tempête, si l'on s'obstine à vouloir le manœuvrer comme de coutume, sans avoir obtenu un équilibre nouveau. »

NAPOLÉON. *Mémorial de Sainte-Hélène*. 6 novembre 1816.

« L'œuvre intellectuelle est une propriété comme une terre, une maison ; elle doit jouir des mêmes droits et ne pouvoir être aliénée que pour cause d'utilité publique. »

L.-N. BONAPARTE.

sans distinction entre elles, le droit de préemption étant : le droit d'expropriation pour cause d'utilité publique, individualisé, dénationalisé, universalisé, simplifié ; le droit d'appropriation basé sur la déclaration même du propriétaire, moyennant le payement préalable par le préempteur de la valeur déclarée par le préempté, plus, à titre d'indemnité, le dixième en sus ; enfin, le droit nouveau de la capacité tendant à se substituer, sans spoliation, sans révolution, rationnellement et légitimement, au droit primitif de la conquête.

En matière d'extinction du paupérisme, je suis parti de l'impuissance démontrée de la charité légale et de la charité spontanée, agissant ensemble ou séparément. Le lecteur verra comment et par suite de quelle faible retenue, un centime par heure de travail, je suis arrivé à conclure de la misère inefficacement secourue à la misère successivement abolie (1), de la misère inconsidérément encouragée à la misère justement découragée, de la misère entretenue à la misère contenue, la misère n'étant plus que ce qu'elle doit être et rester : la sanction pénale de la paresse.

---

(1) « Vous pensez que l'extirpation totale du paupérisme était possible ; moi aussi, et j'en étais convaincu. »

L'EMPEREUR. *Mémorial de Sainte-Hélène*, t. I, p. 801.

« Aujourd'hui, le but de tout gouvernement habile doit être de tendre, par ses efforts, à ce qu'on puisse dire bientôt : Le triomphe du christianisme a détruit l'esclavage ; le triomphe de la Révolution française a détruit le servage ; le triomphe des idées démocratiques a détruit le paupérisme. »

L.-N. BONAPARTE. *Extinction du Paupérisme*, t. II.

En me livrant aussi complaisamment à l'énumération sommaire de solutions qui, cependant, ne seront encore que des transitions, je devrais craindre qu'on ne se bornât plus à dire que je suis un esprit absolu, et qu'on ajoutât que je suis un esprit utopique, si ces transitions n'avaient été soumises à l'épreuve de la discussion et n'avaient résisté au poids d'objections accumulées, objections dont aucune n'est restée sans réponse.

Non, ces transitions ne sont point des utopies ; j'en ai pour garants, d'abord la nature de mon esprit, qui ne saurait rien concevoir qu'il ne pût exécuter, ensuite des hommes tels que Vauban, Turgot, Peel, enfin la pleine réussite de celles de mes conceptions qui, du domaine de la théorie, ont passé dans le domaine de l'application. Je citerai la réforme économique des journaux, réforme commencée en 1831 par la publication du *Journal des Connaissances utiles*, tiré à 130,000 exemplaires ; réforme aussitôt imitée en Angleterre sous vingt titres différents ; réforme continuée en France, en 1836, par la fondation de la *Presse*, l'imitation immédiate du *Siècle*, l'imitation tardive du *Constitutionnel*, l'imitation successive de tous les autres journaux quotidiens, hormis un seul, le *Journal des Débats ;* réforme pratiquée en Angleterre par le *Daily-News*, et en Autriche par la *Presse* de Vienne ; je citerai la réforme économique du prix des livres, que j'avais entreprise en 1834, et le tirage actuel de ceux qui se vendent un franc, comparé au tirage ancien de ces mêmes livres cotés autrefois 7 fr. 50 c.; je citerai la réforme postale, l'unité de taxe des lettres, proposée par moi, en 1832, à M. Conte, directeur de l'administration des postes, et opérée en 1839 par M. Rowland-Hill, en Angleterre; enfin, pour abréger, je citerai le succès des deux emprunts nationaux, ouverts par la France en 1854 et 1855, succès qui a attesté tardivement que j'avais eu raison de proposer, le 21 juillet 1844, le mode d'emprunt par voie de souscription publique à l'exclusion du mode d'emprunt par voie de soumission cachetée (1).

Non, je le répète, ces transitions ne sont point des utopies; la preuve, c'est qu'il n'en est pas une de celles à qui manque encore la consécration de l'expérience qui ne fût certaine du succès en France, même sous le gouvernement actuel.

C'est ce que j'essayerai de démontrer.

Mais avant d'entreprendre cette démonstration, je serais un ingrat si je ne reconnaissais pas que je dois beaucoup à la Révolution de 1848; je lui dois d'avoir aplani devant moi des obstacles qui peut-être m'eussent toujours arrêté au passage et empêché de voir au loin; je lui dois de m'avoir aguerri; je lui dois de m'avoir mûri; je lui dois de m'avoir fait profondément réfléchir, vaillamment penser,

---

(1) Tome X. Page 12. 1844. *L'Emprunt public et successif.*

incessamment chercher ; je ne dois pas moins à la Révolution de 1851 ; je lui dois d'avoir achevé de me mettre à l'écart de tous les partis et de leurs passions ; je lui dois de m'avoir aidé, par la hardiesse de la démonstration et par l'éclat de l'évidence, à vérifier celles de mes données qui étaient justes, à rectifier celles qui ne l'étaient qu'à demi, à abandonner celles qui ne l'étaient pas ; je lui dois de m'avoir aidé à faire la preuve de la plupart de mes affirmations ; je citerai notamment celles relatives au danger des Constitutions et à l'impossibilité d'assigner légalement des limites à la liberté ; je lui dois de m'avoir encouragé dans mes explorations et affermi dans mes convictions ; je lui dois enfin de m'avoir rendu l'équité légère, en jetant dans mes balances le même poids que la Monarchie de 1830 et la République de 1848 y avaient, chaque régime à son tour, laissé tomber.

Traduit le 22 juin 1847 devant la cour des Pairs, conduit le 25 juin 1848 à la prison de la Conciergerie, exilé de France le 9 janvier 1852 : être impartial envers la Monarchie, la République, l'Empire, m'est facile ; ce qui me serait difficile, ce serait de ne l'être pas. Entre ces trois régimes successifs, moins dissemblables qu'on ne le prétend, le premier incarcérant Lamennais, le second emprisonnant Proudhon, le troisième poursuivant Montalembert, je ne distingue pas , je ne saurais distinguer. Pourquoi distinguerais-je? J'ai toujours professé et pratiqué, je continue de pratiquer et de professer l'indifférence en matière de formes de gouvernement. Je suis sur ce point de l'avis de Mirabeau disant : « Je crois qu'il » n'appartient qu'à un ordre d'idées vagues et con- » fuses de vouloir chercher les différents caractères » des gouvernements. Tous les bons gouvernements » ont des principes communs, ils ne diffèrent que » par la distribution des pouvoirs. Les Républiques, » en un certain sens, sont monarchiques ; les Mo- » narchies, en un certain sens, sont républiques ; il » n'y a de mauvais gouvernements que deux gou- » vernements : c'est le despotisme et l'anarchie ; » mais je vous demande pardon, ce ne sont pas là » des gouvernements, c'est l'absence de gouverne- » ments. » Je pense et je dis comme Pope : « Que les » fous disputent sur la forme des gouvernements ! Le » meilleur est celui qui administre le mieux. »

Je crois que si chacun de ces trois régimes, — Monarchie, République, Empire, — a versé dans la même ornière, ce n'était pas que la liberté fût incompatible avec aucun d'eux. La preuve que la liberté peut exister sous la Monarchie constitutionnelle, ce sont l'Angleterre et la Belgique ; la preuve que la liberté peut exister sous la République, ce sont les États-Unis et la Suisse ; la preuve que la liberté peut exister sous l'Empire, c'est qu'il ne saurait se perpétuer sans elle. Si l'Empire est la paix, l'Empire sera la liberté. Il le sera par la force et la logique des choses. Ou la liberté sera recouvrée, ou le suffrage universel sera confisqué. Le suffrage universel supprimé, que devient l'Empire? que devient sa base (1)? L'Empire ne sera un gouvernement définitif qu'avec et par la liberté. Le lui déclarer, c'est faire acte de sincérité, ce n'est pas faire acte d'hostilité. Pourquoi lui serais-je hostile? Il n'est, j'y reviens, aucune des idées que je crois justes et fécondes qu'il ne puisse mettre à l'essai, et, si l'essai réussit, le convertir en progrès avec moins de résistance que n'en eût éprouvé toute autre forme de gouvernement antérieure. Je suis donc parfaitement à l'aise dans cette Introduction pour dire ma pensée, toute ma pensée, rien que ma pensée, ce qui me conduira plus loin à expliquer pourquoi, une occasion s'étant offerte de céder mes parts de propriété de la *Presse*, je me suis décidé à abandonner, en 1856, la direction du journal que j'avais fondé en 1836.

Je dis :

Qu'est-ce que l'Élu de 7,482,863 électeurs sur

---

(1) « Depuis le jour où le dogme de la souveraineté du peuple est venu remplacer le principe du droit divin, on peut dire qu'aucun gouvernement n'a été aussi légitime que le mien.

» En 1804, quatre millions de suffrages, en proclamant l'hérédité de pouvoir dans ma famille, me désignèrent comme l'héritier de l'empire.

» En 1848, près de six millions m'appelèrent à la tête de la République.

» En 1851, près de huit millions m'y maintinrent.

» Ainsi, en me prêtant serment, ce n'est pas simplement à un homme que vous allez jurer d'être fidèles, mais à un principe, à une cause, à la volonté nationale elle-même. »

LOUIS-NAPOLÉON, *président de la République*, 5 avril 1852.

Voir également : Réponse du *Moniteur* au *Times*, 21 août 1852.

7,780,307 votants (1) aurait à redouter de la liberté que je m'exerce depuis vingt ans à tirer de son bloc pour en faire une statue vivante? En quoi la liberté lui serait-elle redoutable? Que pourrait-elle dire? Que pourrait-elle faire? Comment s'y prendrait-elle pour le miner, pour l'ébranler, pour l'attaquer, pour le renverser?

J'admets hypothétiquement l'exercice, sous toutes les formes usitées en Angleterre, en Belgique, aux États-Unis, en Piémont, en Suisse, de la liberté de discussion; je l'admets pleinement, je l'admets sans restrictions, sans exceptions, j'admets même qu'elle se tourne contre la main qui, s'étant étroitement fermée pour la prendre, se serait largement ouverte pour la rendre. Que pourrait-on dire de plus que ce qu'on pense? En somme, que dirait-on, qu'écrirait-on? On dirait que, le 2 décembre 1851, le président de la République a manqué au serment qu'il avait solennellement prêté le 20 décembre 1848, de rester fidèle à la République et de remplir tous les devoirs que lui imposait la Constitution. — Après (2)? On le répéterait. — Après? L'ayant répété, que pourrait-on faire de plus? Qu'ajouterait la seconde fois, la centième fois, si vous le voulez, à la première? Rien; au contraire: la centième fois émousserait la première. Il n'y a

(1) Vote du 20 novembre 1852, pour l'Empire.

(2) « Il est impossible de ne pas reconnaître que la force a souillé le berceau de tous les pouvoirs du monde, quelles qu'aient été leur nature et leur forme. » GUIZOT. *Histoire de la Civilisation en Europe.*

pas jusques à la calomnie qui ne se discrédite par l'exagération et ne s'use par la redite. D'ailleurs, n'y aurait-il rien à répondre? Le droit de tout dire n'implique-t-il pas le droit de tout contredire? L'offensive ne légitime-t-elle pas la défensive? Qui le serment a-t-il engagé indissolublement en France? Le 9 août 1830, est-ce que Louis-Philippe, lieutenant-général du Royaume, enlevant la couronne du front d'un enfant pour la placer sur sa propre tête, n'a pas manqué au serment de fidélité qu'en sa qualité de prince du sang il avait prêté au roi Charles X, à son avénement au trône? Le 24 février 1848, est-ce que MM. Dupont (de l'Eure), ancien ministre du roi Louis-Philippe, Arago, Crémieux, Lamartine, Ledru-Rollin, Garnier-Pagès, Marie, prenant le pouvoir, l'érigeant en dictature, décrétant la République avant de l'avoir mise universellement aux voix, n'ont pas manqué au serment de fidélité au roi Louis-Philippe et d'obéissance à la charte de 1830, qu'en qualité de députés ils avaient prêté? Où donc, je le demande, serait le danger de cette pierre jetée à Louis-Napoléon et qui retomberait de tout son poids sur la tête de celui qui l'aurait lancée? Qui donc, en cet état, serait fondé à prétendre qu'il a le droit de condamner un acte absous, le 20 décembre 1851, par 7,147,635 sur 7,773,646 électeurs, que dis-je, absous ! glorifié le 20 novembre 1852, par 7,482,863 sur 7,780,307 votants? Qui donc serait fondé à prétendre que la minorité possède une infaillibilité que ne possède pas la majorité? Qui donc serait fondé à prétendre que la conscience et la voix d'un petit nombre doivent peser, à elles seules, plus que la voix et la conscience des populations qui ont acclamé Louis-Napoléon empereur des Français; plus que la conscience et la voix des signataires de la Sainte-Alliance, lesquels non-seulement ont reconnu l'Empire, mais encore ont choisi Paris pour lieu de réunion de leurs plénipotentiaires et siége du Congrès; plus que la voix et la conscience de cinq cent mille fonctionnaires, dont un certain nombre inamovibles; plus que la conscience et la voix de quatre-vingt-cinq conseils généraux et trois cent soixante-trois conseils d'arrondissement; plus que la voix et la conscience des six députés récemment élus (1), les deux derniers ne l'ayant été qu'après avoir prêté par écrit serment de fidélité à l'Empereur et d'obéissance à la Constitution? Finissons-en, il est temps d'en finir avec la politique de guerre civile qui pullule de prétendants au pouvoir social; les uns, les plus prudents, s'érigeant en papes infaillibles lançant leurs foudres; les autres, les plus audacieux, s'érigeant en bourreaux implacables, lançant leurs bombes; finissons-en, il est temps d'en finir avec cette politique sans issue, politique où la liberté n'a rien à gagner et peut perdre encore. Le 14 janvier 1858 est là pour l'attester. Ce n'est pas ainsi que procède le progrès. Le progrès qui conspire n'est pas le progrès, c'est la

(1) Emile Ollivier, Alfred Darimon, Hénon, Curé, Picard, Jules Favre.

conspiration. Le progrès qui assassine n'est pas le progrès, c'est l'assassinat. Non, le progrès qui a besoin d'une arme n'est pas le progrès, que cette arme soit un poignard ou une baïonnette, un pistolet ou un canon. Non, le progrès à qui l'évidence ne suffit point n'est pas le progrès. Finissons-en, il est temps, grandement temps d'en finir avec cette politique de valets travestis en factieux qui brûlent, non point de se passer de maître, mais d'en changer ; qui mettent leur point d'honneur, non à ne plus servir, mais à servir celui-ci plutôt que celui-là, ou celui-là plutôt que celui-ci, politique stérile autant que servile. Jamais cette politique ne fut, jamais elle ne sera la mienne. Cette fidélité est un besoin que je m'honore de ne point éprouver. J'admets les gouvernements établis au même titre que les révolutions accomplies, et les révolutions accomplies au même titre que les essais sans lesquels il n'y a point de progrès. Que ceux qui ont le pouvoir suprême le gardent ! Qu'ils l'aient reçu ou qu'ils l'aient pris, qu'ils le possèdent par voie d'hérédité ou par voie d'élection, il suffit qu'ils l'aient ! Je ne m'attribue pas et je ne reconnais à qui que ce soit plus qu'à moi le droit de le leur enlever. Où serait la garantie que le nouveau détenteur en ferait un meilleur usage ? Qui me la donnerait ? En cas d'abus constaté, où serait la sanction pénale ? S'il n'est pas la force, qu'est-ce que le pouvoir ? Je parle dans l'ordre d'idées qui a cours. S'il est la force, comment le garrotter, comment le désarmer ? Je suppose que, courage, ruse ou hasard, on y parvienne : qu'aura-t-on fait ? — On n'aura réussi à le renverser que pour le rétablir aussitôt sous un autre nom. Il ne s'appellera plus Royauté, il se nommera République ; il ne s'appellera plus République, il se nommera Directoire ; il ne s'appellera plus Directoire, il se nommera Consulat ; il ne s'appellera plus Consulat, il se nommera Empire ; il ne s'appellera plus Empire, il se nommera Restauration ; il ne s'appellera plus Restauration de 1815, il se nommera Révolution de 1830 ; il ne s'appellera plus Monarchie Constitutionnelle, il se nommera République démocratique ; de nouveau il ne s'appellera plus République, de nouveau il se nommera Empire. Qu'a gagné la France à ces changements sans fin ? En est-elle plus grande, en est-elle plus riche, en est-elle plus libre ? Où je vise, moi, ce n'est pas au pouvoir, c'est à la liberté, rien de plus, mais rien de moins. Méritera de le garder qui me la donnera. Qui me la donnera n'y perdra rien et y gagnera. Il y gagnera tout ce qu'il acquerra en sécurité de plus ; il y gagnera tout ce qu'il perdra en responsabilité de moins. Où serait pour Napoléon III le danger de la liberté ? Je cherche ce danger sans le trouver. Serait-il dans des tentatives d'insurrection, dans des essais de barricades ? Si, après le 2 décembre 1851, ce danger n'a pas été sérieux, comment pourrait-il l'être devenu après le verdict populaire du 20 décembre 1851 ; après le vote national du 20 novembre 1852 ; après la reconnaissance de l'Empire par l'Europe; après le percement de Paris, traversé en tous sens par de larges boulevards macadamisés, aussi défavorables à l'émeute que favorables à la salubrité; après la construction de casernes, citadelles soigneusement placées; après la mise en communication rapide des forts de Vincennes et du Mont-Valérien, situés aux deux extrémités de la ville? Le danger n'existe pas; il n'existe à aucun degré, mais je veux le supposer. Est-ce qu'on niera que l'Empereur Napoléon III soit doué de courage? S'il était vrai que la liberté eût des périls, je comprendrais qu'il les affrontât, je ne comprendrais pas qu'il reculât devant eux. Est-ce que l'Empereur Napoléon 1er a vaincu sans périls? Si la liberté a des périls que la gloire n'a pas, quels sont-ils? Dites-moi ceux de la liberté, je vous dirai ceux de la gloire. Nous les comparerons.

Mais quand je parle de la liberté, je n'entends pas cette liberté de nom, ce privilége de fait, surnommée la liberté sans licence, hypocrisie de la liberté, qui ne servirait qu'à donner des arguments à certaines prétentions dynastiques; je n'entends pas un peu de liberté, j'entends beaucoup de liberté; je n'entends pas plus de liberté, j'entends toute la liberté (1). Je

(1) La légitimité est le pouvoir incarné; en la saturant de libertés, on l'aurait fait vivre en même temps qu'elle nous eût appris à régler ces libertés. Loin de comprendre cette nécessité, elle voulut ajouter du pouvoir à du pouvoir; elle a péri par l'excès de son principe.

CHATEAUBRIAND.

suis sincère, je reconnais qu'un peu de liberté ne profiterait qu'au rétablissement de l'ancien gouvernement parlementaire. Un peu de liberté affaiblirait l'Empire, beaucoup de liberté l'affermirait, le fonderait, le perpétuerait, le rendrait inébranlable. En effet, la liberté n'existant pas, le comte de Chambord peut la promettre sans la donner; le comte de Paris peut la promettre et la donner (1). La liberté existant, que peut donner le comte de Paris, que peut promettre le comte de Chambord? Douée de ce degré d'évidence, comment la vérité n'ouvre-t-elle pas les yeux de tous ceux qui sont sincèrement dévoués à la dynastie impériale? L'opinion que j'exprime ici est conforme au sentiment de l'immense majorité du pays, majorité qui, après avoir répondu à ma voix se faisant entendre la première (2), le 25 octobre 1848, votait, le 10 décembre, avec entraînement, pour Louis-Bonaparte contre Eugène Cavaignac, malgré l'intimidation des préfets et sous-préfets de cette époque, malgré la profusion de libelles calomnieux, de complaintes in-

---

(1) « Si les Bourbons veulent commencer une cinquième dynastie, je n'ai plus rien à faire ici, mon rôle est fini; mais s'ils s'obstinaient, par hasard, à recontinuer la troisième, je ne tarderai pas à reparaître. On pourrait dire que les Bourbons eurent alors ma mémoire et ma conduite à leur disposition; s'ils se fussent contentés d'être les magistrats d'une grande nation, s'ils l'eussent voulu, je demeurais pour le vulgaire un ambitieux, un tyran, un brouillon, un fléau... Si on avait bien gouverné en France, si les Français eussent été contents, mon influence avait fini, je n'appartenais plus qu'à l'histoire. »

NAPOLÉON. *Sainte-Hélène*. 17 avril 1816.

(2) Voir tome IV, page 262. *L'élection du 10 décembre : L.-N. Bonaparte.*

jurieuses, de caricatures grossières, expédiés par ballots dans tous les départements aux frais de l'État ; majorité qui, en décembre 1851, s'apprêtait de nouveau à voter, le 9 mai 1852, pour Louis Bonaparte quoique non rééligible constitutionnellement, en même temps que, pour le renouvellement de l'Assemblée nationale, dont les pouvoirs expiraient aussi en 1852, elle eût voté dans le sens de la minorité des membres de l'Assemblée législative; majorité moins éclairée qu'instinctive, plus logique en réalité qu'en apparence, qui encore aujourd'hui confond dans sa pensée le nom de Napoléon avec tout ce qu'elle eût espéré, tout ce qu'elle eût attendu, tout ce qu'elle eût exigé, en 1852, de ses représentants les plus sincères. C'est là son idéal; il fut aussi le mien. Je m'impressionne comme elle, elle s'impressionne comme moi. A quoi cela tient-il? c'est que, comme elle, je ne suis d'aucun parti, c'est que je n'ai d'intérêt que le sien ; c'est qu'elle est ce qu'on nomme dédaigneusement « la masse, » et que je lui appartiens.

Etait-il donc insensé, en octobre 1848, de supposer que Napoléon III voudrait être à la paix ce que Napoléon 1er avait été à la guerre; que le Napoléon de la paix voudrait élever la liberté à une hauteur égale à celle où le Napoléon de la guerre avait élevé la gloire; qu'il ne voudrait pas que l'histoire pût dire que sous son règne la France fût moins libre que sous le règne du roi Louis-Philippe, moins libre que la Belgique, moins libre que le Piémont; qu'il ne se contenterait pas d'une satisfaction si mince, et qu'il tiendrait à honneur qu'il n'y eût pas ni en Angleterre, ni aux États-Unis, ni quelque part que ce fût, une liberté, quelle qu'elle soit, qui ne fût au moins égale en France; qu'il ne souffrirait pas que la première des nations, lorsqu'il s'agit de suffrage universel, ne fût pas également la première lorsqu'il s'agit de liberté; qu'il ne supporterait pas que la France restât ainsi boiteuse, ayant la liberté de voter et n'ayant pas la liberté de parler; qu'enfin il considérerait comme la plus grande et la plus noble des tâches de constituer le *pouvoir individuel* dans sa plénitude, après avoir constitué le *pouvoir indivis* dans son unité; qu'il y appliquerait toute sa volonté, toute sa persistance, tout son courage, toute sa puissance, afin de laisser, après lui, une trace ineffaçable de son passage (1)? Napoléon III n'avait-il pas tout avantage à entrer dans cette voie, qui l'eût conduit sûrement, rapidement, sans révolutions et sans guerres, à la domination pacifique, à la domination universelle (2)? N'était-ce pas la voie que

---

(1) « Toutes les heures perdues dans l'époque où nous vivons sont une perte irréparable. »

LE PREMIER CONSUL *au ministre Decrès.*

« Il ne faut pas passer sur cette terre sans y laisser une trace de son passage. »

L'EMPEREUR *au ministre Cretet.* Fontainebleau, 14 novembre 1807.

(2) « J'allais me donner uniquement à l'administration de la France, et je crois que j'eusse enfanté des prodiges. Je n'eusse rien perdu du côté de la gloire, mais beaucoup gagné du côté des jouissances; j'eusse fait la

le captif de Ham avait tracée avant son avénement? N'était-ce pas la voie que le captif de Sainte-Hélène avait tracée après sa chute? Je n'avais donc rien à supposer, je n'avais qu'à me souvenir. Insensé est celui qui perd la mémoire. Insensé n'est pas celui qui la conserve. Qui m'accuserait faussement de nourrir des utopies s'exposerait témérairement à ce que ce ne fût pas sur ma tête que l'accusation tombât.

Mais où donc serait l'utopie, que Napoléon III, dépositaire, héritier si l'on veut, du *pouvoir indivisible*, individualisât en lui la *propriété indivise*, qu'il en fût la personnification; qu'à ce titre il représentât la France dans ses rapports avec les autres États ; qu'il disposât de la force armée ; qu'il maintînt la tranquillité publique; qu'il gérât le domaine national ; qu'il perçût l'impôt ; payât la dette ; mais ne s'immisçât en rien dans ce qui serait essentiellement, soit du ressort individuel, soit du ressort communal? Soutiendrait-on que le *pouvoir individuel* et le *pouvoir indivis*, en d'autres termes la liberté et l'autorité, sont vouées à une incompatibilité éternelle? Oubliant les deux révolutions de 1830 et de 1848, soutiendrait-on que la division du pouvoir indivis en *pouvoir législatif* et *pouvoir exécutif* soit le der-

conquête morale de l'Europe, comme j'ai été sur le point de l'accomplir par les armes. De quel lustre on m'a privé !

» Le premier souverain qui, au milieu de la première grande mêlée, embrassera de bonne foi la cause des peuples, se trouvera à la tête de toute l'Europe et pourra tenter tout ce qu'il voudra. »

NAPOLÉON. *Sainte-Hélène*. 11 novembre 1816.

nier mot de la science politique et de l'organisation gouvernementale?

Où donc serait l'utopie, que la Société se gouvernât par les quatre lois qui lui sont propres, et renonçât aux innombrables lois positives qui en sont la négation? A ces quatre lois cardinales : LIBERTÉ, SUPÉRIORITÉ, RÉCIPROCITÉ, PUBLICITÉ, quelle loi pourrait-on ajouter qui ne fût superflue ou nuisible?

Où donc serait l'utopie, que la pénalité fût tout entière dans la publicité, si l'expérience démontrait que la publicité peut acquérir tous les avantages des peines afflictives et correctionnelles sans en avoir les inconvénients et les dangers?

Où donc serait l'utopie, qu'au lieu d'un grand nombre de ministres et d'un petit nombre de directeurs-généraux, on eût un grand nombre de directeurs-généraux et un petit nombre de ministres, le ministre des recettes, le ministre des dépenses et le ministre dirigeant : celui-ci incarnant l'unité administrative, non moins importante à constituer que l'unité politique?

Où donc serait l'utopie, que l'impôt étant pris à la fois pour la mesure de la richesse et la garantie de sa conservation et de sa transmission, l'unité d'impôt, cette pensée déposée en germe par Vauban et Turgot, prévalût en se rectifiant et en se complétant, comme a fini par prévaloir, le 2 novembre 1801, l'unité des poids et mesures, vainement réclamée, en 1789, dans plusieurs cahiers remis aux membres des États-Généraux?

Où donc serait l'utopie, que le budget fût classé méthodiquement, que la dette, l'impôt et l'emprunt ne se confondissent plus, et que le budget de la Commune fût aussi distinct du budget de l'État que le budget de l'État est distinct du budget de l'Individu?

Où donc serait l'utopie, que la mortalité, cette loi de l'humanité, loi qui a donné le jour à la science des assurances sur la vie, fût appliquée à l'amortissement de la dette, à la réduction de l'impôt et à la dotation de la commune?

Où donc serait l'utopie, que la Commune, érigée en pouvoir communal, fît ce que l'État est impuissant ou inhabile à faire, l'État ne gardant que ce que la Commune serait inhabile ou impuissante à exécuter?

Où donc serait l'utopie, que la réciprocité réglât désormais tous les rapports commerciaux de peuples à peuples, ce qui aurait pour conséquence d'abord de rendre inutiles tous les traités de commerce et tous les tarifs de douanes, et de rendre de moins en moins probables, de moins en moins possibles les risques et les cas de guerre?

Où donc serait l'utopie que, par suite de la stricte observation de la loi de liberté, l'armée transitoire ne se recrutât plus que de la même façon que se recrutent tous les autres services publics?

Où donc serait l'utopie, que les gouvernements qui se posent en tuteurs des peuples se servissent de l'infaillibilité de leur raison, non pour se déclarer la guerre, mais, au contraire, pour l'éviter?

Où donc serait l'utopie, que le travail ne manquant pas aux travailleurs, la misère se tarît par le versement de la prime proportionnelle à ce risque?

Où donc, enfin, serait l'utopie, que ces idées, sommairement et imparfaitement rappelées, étant celles de Vauban et de Turgot, de Napoléon Ier et de Napoléon III, servissent à la rédaction d'un Manifeste à l'Europe, que nul ne rédigerait mieux que l'Empereur des Français, que nul ne serait plus capable de faire agréer, tous les souverains, sans en excepter un seul, ayant le même intérêt à l'adopter?

Je défends ici les idées que je crois justes, sans prétention à la paternité, conséquemment sans illusion. J'ai la conviction que leur avénement est plus prochain qu'on n'est disposé à le croire. Je puise cette confiance dans l'impuissance manifeste de tous les palliatifs condamnés par eux-mêmes (1).

Je n'en citerai que deux exemples, l'un et l'autre très récents :

Trois mauvaises récoltes successives doublent, triplent, en France, le prix des blés. Que fait le gouvernement? — Invoquant l'autorité de Turgot, s'a-

(1) « C'est en attaquant, en renversant tous les abus à la fois, qu'on peut espérer de s'en voir délivrer sans retour. Alors seulement chacun se trouve intéressé à l'établissement de l'ordre ; les réformes, lentes et partielles, ont fini par ne rien réformer. L'abus que l'on conserve devient l'appui et bientôt le restaurateur de tous ceux que l'on croyait avoir détruits. »

ASSEMBLÉE CONSTITUANTE. *Adresse de février* 1790.

britant derrière elle dans le *Moniteur*, il proclame la liberté du commerce des grains. Par la liberté, il dégage ainsi sa responsabilité.

Le prix de la viande résiste à tous les modes de réglementation essayés pour le faire baisser. Que fait le gouvernement? — Cette fois encore, quoique tardivement, il proclame la liberté (1) ; il l'applique au commerce de la boucherie. Cette fois encore, par la liberté il dégage sa responsabilité. Le prix de la viande n'a pas baissé, mais ce n'est plus le gouvernement que le consommateur accuse de cette cherté, c'est le boucher. Voilà ce que le gouvernement y a gagné.

Je pourrais encore citer la suppression, non sans d'énergiques résistances de la part des ingénieurs des ponts et chaussées et de nombreuses hésitations de la part du gouvernement, des ponts à bascule sur les routes (2), lesquels ne servirent jamais qu'à encourager la fraude. Qu'a fait le gouvernement ne sachant plus que faire? — Il les a remplacés par la liberté de circulation, y gagnant tout ce que lui coûtaient les ponts à bascule.

Puisque le gouvernement a fait ces deux pas, ces trois pas dans cette voie, pourquoi n'y persisterait-il point, pourquoi n'irait-il point jusqu'au bout? La li-

---

(1) 28 février 1858.

(2) Loi du 30 mai 1851.

berté, il en a fait lui-même l'expérience, simplifie tout ce que complique l'autorité.

Qui dit autorité, dit responsabilité. Le second de ces termes est synonyme du premier. Donc, prendre beaucoup d'autorité, c'est se charger de beaucoup de responsabilité. Donner beaucoup de liberté, c'est faire l'opération inverse. Si j'ai tort, qu'on me le démontre, et je m'empresserai d'en convenir, car une erreur qu'on peut troquer contre une vérité est un trop bon marché offert pour qu'on ne se hâte pas de le conclure. C'est changer du cuivre doré contre de l'or.

Que le lecteur ne s'étonne pas si je reviens si souvent, même dans cette Introduction, sur le mot Liberté. Ce n'est pas ma faute, si c'est le moins bien compris des quatre mots qui résument les huit mille pages de ces douze volumes. Ces quatre mots, qu'il m'a fallu vingt années pour apprendre à épeler, sont :

Liberté. — Supériorité. — Réciprocité. — Publicité.

Liberté, c'est-à-dire plus de lois arbitraires ;

Supériorité, c'est-à-dire plus de priviléges subversifs ;

Réciprocité, c'est-à-dire entre individus plus de meurtres ni de vols, entre nations plus de guerres ni de conquêtes ;

Publicité, c'est-à-dire plus d'abus cachés, plus d'ombre nuisible à la Société, retardant ses progrès et empêchant la maturité de la raison humaine.

Toute la politique de l'avenir pourrait se renfermer dans ces quatre mots. Peut-être le jour qui la verra luire eût-il moins tardé à se lever, si, le 2 décembre 1851, j'eusse pu fermer sur moi la porte de mon cabinet avant qu'il fût envahi par le flot des amis mortels ; si j'eusse pu rester seul, rester libre, et n'écouter que ma première impression qui jamais ne m'a égaré.

J'étais seul, libre de toute influence, le soir du 24 février 1848, quand j'osai écrire ces mots qui eurent toute la France pour écho retentissant : Confiance ! Confiance !

Le matin du 2 décembre 1851, si j'eusse été seul, également libre de toute influence, n'écoutant que ma première impression, j'eusse intitulé mon article : Patience ! Patience !

J'eusse conseillé d'attendre les œuvres pour absoudre ou condamner cette révolution de un contre tous, substituée à la révolution de tous contre un.

Peut-être eussé-je été écouté ! peut-être eussé-je empêché qu'une seule goutte de sang fût répandue ! peut-être eussé-je empêché que beaucoup d'hommes de cœur, égarés par la tradition révolutionnaire et par un faux point d'honneur, se compromissent jusqu'à l'exil qui dure pour eux depuis sept ans ! En tous cas, je fusse resté conséquent à mes doctrines et à mes précédents en matière de révolutions accomplies et de gouvernements établis. Dès que j'avais admis, ne faisant qu'imiter en cela les hommes d'État de l'Angleterre, dès que j'avais admis que les gouvernements de fait étaient les gouvernements de droit, qu'ils sont ce que l'effet est à la cause, je n'avais simplement qu'à recommencer le 2 décembre 1851 ce qui m'avait pleinement réussi le 24 février 1848.

Le 2 décembre, je fus inconséquent.

Toute inconséquence s'expie.

Si je le constate ici, c'est que j'ai promis d'expliquer pourquoi, une occasion s'étant offerte de céder mes parts de la *Presse*, je me suis décidé, à la fin de 1856, à abandonner une direction que je n'exerçais plus, depuis 1854, qu'à l'état passif de surveillance.

La *Presse*, mal engagée le 2 décembre, la *Presse* ayant reparu le 11 décembre 1851, après s'être elle-même volontairement supprimée pendant dix jours (1), la *Presse* n'avait plus une situation assez nette pour ma plume, qui ne sait pas l'art des réticences et qui n'a jamais voulu l'apprendre. Je ne peux pas dire ce que je ne pense pas. Je comprends certaine opposition contre un gouvernement dont on souhaite l'affermissement, c'est un mode de concours comme le mode contraire ; je ne la comprends pas contre un gouvernement dont on souhaite ou dont on est censé souhaiter la chute. Dans ce cas, un bon conseil donné, dût-il être mal accueilli, me paraît une trahison et une lâcheté. De 1852 à 1856, connaissant l'empereur Napoléon III comme je croyais le connaître, j'ouvrais deux fois par an, le 1er janvier et le 15 août, le *Moniteur*, toujours avec l'espérance d'y trouver l'acte que j'at-

---

(1) Tome VII, page 403. Jugement du tribunal civil de la Seine.

tendais pour replacer la *Presse* en équilibre sur elle-même, et adhérer hautement à la Constitution de 1852 et à l'Empire. Cet acte de pacification civile, ai-je besoin de le nommer? ai-je besoin de dire que c'était l'abrogation de toutes les lois et de tous les décrets de proscription, que c'était l'amnistie mutuelle du passé? Si l'Empereur eût été faible et chancelant, cette énergique mesure l'eût fortifié et raffermi; il n'y avait donc aucun risque à ce qu'il la fît(1). Elle eût ajouté à son prestige. L'heureuse et singulière coïncidence de la conclusion de la paix et de la naissance du prince impérial, circonstance propice, étant demeurée stérile, la mesure attendue ayant, dès lors, cessé d'être probable, je n'avais plus, si cela devenait possible, qu'à me retirer. C'est ce que j'ai fait, le livre jouissant d'une liberté relative dont ne jouit pas le journal.

Nulle part plus naturellement que dans cette Introduction, l'explication que je viens de donner ne pouvait trouver place, puisque le vrai titre de ces douze volumes, si je ne les avais pas intitulés : QUESTIONS DE MON TEMPS, eût été : LA PRESSE RÉTROSPECTIVE.

Pourquoi cette mesure que je n'ai cessé d'appeler de tous mes vœux, qui eût été si opportune le 1er janvier

---

(1) « Étant consul provisoire, un des premiers actes de mon administration fut la déportation d'une cinquantaine d'anarchistes. L'opinion publique, à laquelle ils étaient en horreur, tourna subitement pour eux et me força de reculer. Mais, quelque temps après, ces mêmes anarchistes ayant voulu comploter, ils furent terrassés de nouveau par cette même opinion qui me revint aussitôt. »

L'EMPEREUR NAPOLÉON. *Sainte-Hélène*, 18 novembre 1815.

vier 1852, après l'élection du 20 décembre 1851; le 1er janvier 1853, après le vote du 20 novembre 1852; le 15 août 1853, et enfin les 20 mars (1) et 30 mars (2) 1856, a-t-elle trompé mon attente? Je l'ai vivement regretté, je le regrette vivement encore, car il est une politique que je concevais, que j'avais préparée dans le recueillement du cabinet, et que j'eusse aimé à développer et à soutenir dans un journal; politique plus que jamais étrangère aux partis, à leurs passions, à leurs rancunes, à leurs espérances; politique prenant son point d'appui sur les gouvernements, au lieu de le prendre sur les peuples; politique déjà glorieusement inaugurée en Russie par l'empereur Alexandre II, allant au devant de l'abolition du servage; politique, enfin, se résumant dans cette ligne qui m'eût servi d'épigraphe :

Tout par la Civilisation, rien par la Révolution.

Les révolutions ne m'ont jamais compté parmi ceux qui fondaient sur elles tout leur espoir; c'est une remarque qui n'échappera pas au lecteur, s'il s'en trouve un qui ait la persévérance d'aller jusqu'au bout de ces douze volumes. Il verra qu'on en extrairait facilement un demi-volume de tout ce que j'ai écrit contre elles, moins encore contre leurs excès que contre leur impuissance. 1848 en France, 1854 en Espagne sont là pour montrer ce qu'il y a au fond du

(1) Jour de la naissance du prince impérial.

(2) Jour de la conclusion de la paix.

programme : « *Tout pour le peuple, tout par le peuple.* »

Tout *pour* le peuple ! oui; mais tout *par* le peuple ! non. C'est parce que je pense ainsi que je ne suis, que je ne fus jamais ni de l'école révolutionnaire ni de la coterie réactionnaire. Mais si je n'admets pas la formule révolutionnaire : tout pour le peuple, tout par lui, il est une autre formule que j'admets moins encore, c'est la formule réactionnaire : « *Rien pour le peuple, rien par lui.* »

Je le dis sans jeu de mots : les plus grands révolutionnaires que je connaisse, ce sont les réactionnaires; les plus grands réactionnaires que je connaisse, ce sont les révolutionnaires. Ceux-ci et ceux-là allant chacun en sens opposé de leur but, qu'en faut-il conclure? C'est que le Vrai n'est d'aucun des deux côtés, c'est qu'il faut le chercher ailleurs.

Tout par la Civilisation, rien par la Révolution veut dire : *Tout pour le peuple, tout par l'Individu.*

Tout par l'Individu veut dire : Le jour où naît l'enfant, ne vous bornez plus à en constater le sexe et à inscrire les noms de son père et de sa mère, s'ils se sont fait connaître; qu'il ait moralement son compte ouvert au *grand-livre de la population* que son *inscription de vie* lui serve et vous serve en toutes circonstances de garantie efficace; que rien ne manque à l'entier développement de ses facultés physiques et morales; que toute l'organisation sociale ait pour but unique de faire que l'homme soit un homme, c'est-à-dire un être pensant, un être agissant dans la plénitude du discernement de sa raison; que l'éducation, enfin, prenne la place de la répression; que la moralité prenne la place de la pénalité!

L'homme est généralement ce que les choses le font; il vaut ce que vaut le milieu où il naît, où il grandit, où il vit, où il meurt. Le milieu social est-il présentement ce qu'il devrait, ce qu'il pourrait être? La civilisation a-t-elle autant de profondeur qu'elle a de surface? a-t-elle pénétré dans ces masses vouées, de toute éternité dans le passé, à la misère, à l'ignorance, à l'ivrognerie, à l'abjection héréditaires? a-t-elle visité autrement que l'aumône à la main ces hommes, ces femmes, ces enfants, plus sales que la fange, plus malsains que la fièvre, n'ayant, père et mère, sœur et frère, que le même grabat infect, et ne comptant comme êtres humains que le jour où la prison s'ouvre pour eux, où la guillotine tombe sur eux?

Je me borne à poser la question.

Dans cet ordre d'idées, n'y a-t-il pas beaucoup à faire, tout à faire?

Ne serait-ce pas, celle-là, une sainte guerre à entreprendre que la guerre à la misère, que la guerre à l'ignorance, que la guerre à la barbarie? Qui me contredirait, qui pourrait me contredire si, l'esprit de civilisation succédant pleinement à l'esprit de conquête, je promettais, à cette guerre nouvelle, la victoire certaine.. au prix de la moitié des sacrifices qu'a coûté et que coûte, je ne dis pas la guerre, mais seulement le risque de guerre? Pour être fondé à me contredire, il faudrait qu'on me montrât ce qu'on a tenté de véritablement grand, soit en France, soit ailleurs, pour y combattre la barbarie, l'ignorance, la misère, ces trois ferments de révolution.

Le risque de révolution est-il donc moins imminent et moins grave que le risque de guerre?

Lorsqu'un État, au prix de torrents de sang versé, a reculé ses frontières, la carte du monde en est-elle plus grande, si peu que ce soit? — Non. Qu'est-ce que l'humanité y a gagné? — Rien.

Lorsqu'un homme, dans l'intérêt public du progrès social, est tiré de l'ignorance, qui peut dire qu'un jour cet enfant, cet homme ne sera pas un continuateur de Christophe Colomb, de Gutenberg, de Newton, de Watt, de Fulton, de Montgolfier, de Parmentier, de Jacquart, de Thomas Gray, l'inventeur des chemins de fer, de Volta, d'Œrsted, de Morse, de Daguerre, de Frédéric Sauvage, l'inventeur de l'hélice, enfin un des élus du génie universel? — Personne.

Que fait-on pour développer la supériorité et la rendre moins rare? La supériorité, cette loi, la seconde loi de la société, s'exerce-t-elle dans toute sa puissance, produit-elle tous ses effets?

Je le demande.

N'entrevoit-on pas une autre politique que la politique territoriale, une politique où les territoires comptent moins, où les populations comptent plus; où la lutte, cessant entre les hommes, s'établisse entre les produits, où les échanges fassent place aux conquêtes, où enfin la réciprocité succède à la rivalité?

La réciprocité n'est pas un mot vague comme le mot fraternité. La réciprocité a toute la précision, toute la rigueur d'un chiffre. La fraternité ne s'apprend pas; la réciprocité peut s'enseigner, comme on enseigne que 2 égalent 2. La fraternité impose à l'homme le contraire de son intérêt, puisqu'elle lui demande le désintéressement; la réciprocité l'en dispense, elle n'exige de lui aucun sacrifice. La fraternité est l'exception; la réciprocité est la règle. La fraternité est angélique, c'est un idéal; la réciprocité est mathématique, c'est une mesure. Mesure ayant la précision du mètre et plus facile à expliquer et à démontrer à l'enfant que la théorie en vertu de laquelle l'unité métrique, composée de 443,30 lignes, est la dix-millionième partie de la distance du pôle à l'équateur. Par la réciprocité universellement enseignée, journellement démontrée, exclusivement appliquée, tout ce qui est faux, tout ce qui a été faussé se rectifie de soi-même, comme l'erreur se détruit par l'évidence. La réciprocité est à la liberté ce que la preuve est à la règle en arithmétique.

La liberté que je conçois, c'est le régime de la soumission volontaire à la supériorité attestée par ses œuvres, à la légitimité individuelle, succédant au régime de la soumission forcée, à la légitimité monarchique s'appelant Roi, ou à la volonté numérique s'appelant Loi. C'est le règne du Savoir, mettant fin au règne du Pouvoir, je devrais dire à son impuissance dès qu'il s'agit non plus de guerres, conséquemment de bataillons qu'il faut déployer, mais de paix, conséquemment de questions qu'il faut résoudre !

Il n'y a plus qu'un mot qui ne soit pas vain !

Il n'y a plus qu'un droit qui soit certain !

Il n'y a plus qu'une légitimité qui soit incontestable !

Ce mot, ce droit, cette légitimité, c'est la supériorité démontrée ! Ce sera dans l'avenir la seule royauté, si les rois ne se hâtent de la prendre pour leur ministre.

Partout la révolution raffermit les rois ébranlés, mais partout la civilisation ébranle les rois raffermis. Aveugle qui ne voit pas, sourd qui n'entend pas ce mouvement de trônes qui a lieu en sens contraire !

La révolution opère avec fracas par voie de destruction ; la civilisation opère sans bruit par voie de transformation. La révolution démolit du faîte à la base ; la civilisation édifie de la base au faîte. La révolution est périodique ; la civilisation est continue. La révolution est locale ; la civilisation est universelle. On peut échapper à la révolution par la civilisation ; mais on ne peut échapper à la civilisation par aucune issue. Elle est, à la barbarie, ce que la mortalité est à l'homme.

La civilisation, c'est l'humanité qui reprend son cours détourné par la société. La civilisation, étant l'humanité, respecte, à l'égale l'une de l'autre, la vie humaine et la pensée humaine. La civilisation est proportionnelle à ce respect ; il en est la mesure. Égale et pleine inviolabilité de la vie humaine et de la liberté humaine : voilà la civilisation ! Elle ne s'arrêtera pas et rien ne l'arrêtera, ni révolution, ni réaction.

L'ère des conquérants batailleurs qui se disputaient un coin du globe est fermée pour ne plus s'ouvrir ; l'ère des conquérants pacifiques du globe tout entier est ouverte pour ne plus se fermer ! La science de la gloire a fait son temps ; le temps est venu de la gloire de la science. La civilisation, c'est l'univers, morcelé par la guerre, ramené à l'unité par la paix ; c'est l'homme relevé de sa chute par lui-même et par lui seul.

Telle est la conclusion à laquelle je n'ai essayé d'atteindre du bout de ma plume qu'après avoir mis sous mes pieds l'épaisseur de ces douze volumes.

S'ils n'attestent pas plus, ils attesteront du moins la persistance de mes efforts. Qu'elle soit mon titre à l'indulgence du lecteur !

TABLE GÉNÉRALE

DES *QUESTIONS DE MON TEMPS.*

QUESTIONS POLITIQUES.

TOME Ier.

TOME II.

TOME III.

TOME IV.

TOME V.

1850.

TOME VI.

1850.

TOME VII.

TOME VIII.

TOME IX.

QUESTIONS FINANCIÈRES.

TOME X.

TOME XI.

QUESTIONS ÉCONOMIQUES.

TOME XII.

INDEX ALPHABÉTIQUE.

DES *QUESTIONS DE MON TEMPS.*

A.

E.

F.

J.

K.

L.

M.

N.

O.

P.

Q.

R.

T.

U.

V.

Z.

TABLE DES NOMS CITÉS

DANS LES *QUESTIONS DE MON TEMPS.*

A.

B.

D.

E.

F.

G.

M.

N.

O.

P.

Q.

R.

S.

FIN.

ÉMILE DE GIRARDIN

QUESTIONS DE MON TEMPS

1836 à 1856

I. QUESTIONS POLITIQUES.
II. QUESTIONS ÉCONOMIQUES.
III. QUESTIONS FINANCIÈRES.

DOUZE VOLUMES IN-8° — PRIX : 72 FRANCS

LES DOUZE VOLUMES ONT PARU —

www.ingramcontent.com/pod-product-compliance
Ingram Content Group UK Ltd.
Pitfield, Milton Keynes, MK11 3LW, UK
UKHW022105190726
13855UKWH00002B/652